理解できれ[illegible]速する！

SE[illegible]
トリセツ

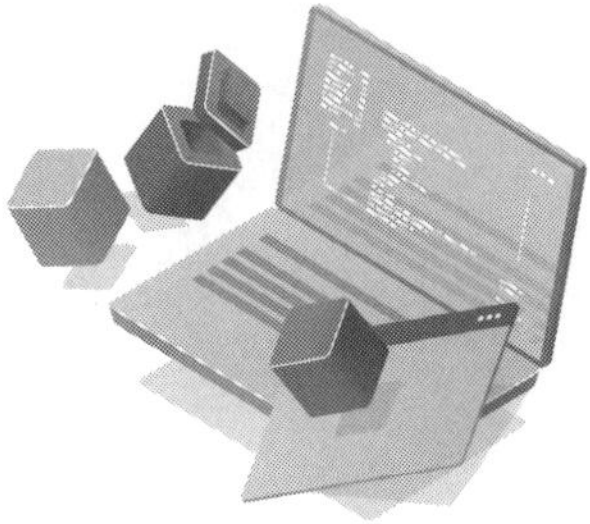

アクロスロード代表取締役社長
津田 徹

漫画 松野 実

ビジネス教育出版社

はじめに

◆Amazonは誰が作ったのか？

もしも、あなたが次のような疑問や悩みを抱えているとしたら、もう少し本書を読み進めてみてください。きっと、それは解決されます。


「システム・エンジニアって、名前は聞いたことはあるけど何者なの？」

「うちの部署もそろそろＩＴ化が必要だけど、ＩＴエンジニアたちとどう仕事をしたらいいんだろう？」

「ＩＴ業界に興味はあるけど、理系じゃない自分にもなれるんだろうか？」


右記の３つの「？」には、ある共通点があります。

それは「システム・エンジニアのことをよく知らない」ということです。

無理もありません。実は、システム・エンジニア（以下、本書ではＳＥとします）は日本のビジネス人口の中でも結構たくさんいて、ＩＴ（情報技術／Information Technology）と呼ばれる世界を構築し、ここ20年くらいの世の中を裏側から便利にしている存在なのですが、悲しいことに表舞台に立つと言うよりは裏方な仕事をしていて、陽の目を見ることが極めて少ない存在だからです。

わかりやすい例として、ＥＣサイトのAmazonで説明してみます。

AmazonのＣＥＯと言えばジェフ・ベゾスです。ツルツル頭にフレンドリーな笑顔を浮かべたハンサムな顔を思い出したり、画像検索で見つけることができたと思います。

では、実際にAmazonのサイトを作った人をご存知ですか？

「えっ、ジェフ・ベゾスじゃないの？」

そう思ったあなたにとって、本書は読み進める価値があります。

もちろん、ジェフ・ベゾスも優秀なＩＴエンジニアでした（彼はニューヨークの金融機関ではコンピューター通信システム構築のエンジニアでした）が、実際にAmazonのサイトを構築するには、実に数千人のＩＴエンジニアたちが関わっています。

そして今、僕たちがAmazonで買い物をするその裏側でも、SEではありませんが、別のITエンジニアたちがAmazonのシステムを見守っていたりします。

何が言いたいかと言うと、Amazonというシステムの構築に関わった数多くのシステム・エンジニアたちが実際に存在していて、僕たちの〝便利〟を作ってくれているにもかかわらず、僕も含め多くの人たちに知られていない存在だ、ということです。

◆情報化社会にSEを知らないなんてもったいない！

申し遅れました。初めまして。僕は、アクロスロードの津田徹といいます。

改めて、本書を手に取ってくださりありがとうございます。

僕が大学時代にITの業界に足を踏み入れて今年で25年になります。アクロスロード株式会社を設立して10年。2020年度より11期目に入ります。

今でこそ僕は会社経営をしていますが、スタート地点はSE（当時はプログラマー）でした。大学時代に学費を稼ぐために始めたアルバイトがプログラム開発だったのです。ITの世界に足を踏み入れた最初の年に月200万円を売り上げ、ITの面白さを知りました。

仕事をするたびにどんどん面白くなって、ステップアップのためにいくつかのＩＴ企業を渡り歩いて、２０００年のオブジェクト指向（本文内で解説します）の登場でＳＥになってからは、あるスタートアップ企業に転職。月４００時間働く時期もありましたが、赤字部署のV字回復や、数億円の売上を黒字化して利益の出せるところまで持って行ったりしながら、最終的には部長職にまでなりました。

その後、自分のしたいビジネスのビジョンを実現するためにアクロスロードを設立し、現在に至ります。


25年間もＩＴの世界にどっぷり浸かって、いろいろなプロジェクトに関わってきて思うのは、ＳＥという職種は世界を裏側から便利にする存在として、僕たちが使うさまざまなサービスやツールを開発しているにもかかわらず、実態をほとんど知られていない存在だ、ということです。

例えば、僕には息子がいるのですが、あるとき、幼稚園の父親参観日が近づいてきた頃に子どもからこんな質問を受けたことがありました。

「パパのお仕事って何？」

「システム・エンジニアって言ってね、ＩＴのシステムで世の中を便利にする仕事だよ」

息子は「うーん……」と唸りながら僕の仕事を絵にしました。見ると、空中に浮かんだパソコンと僕の顔が描かれていました。

このあと、僕は息子にＳＥの仕事について時間をかけて説明しようとしましたが、うまくいきませんでした。


子どもだけでなく、大人にすら説明に苦労するのがＳＥの仕事です。大人でも「何をしているのかよくわからない」と答える人が大半です。

冒頭のAmazonの例を含めてこれらはあくまでも一例ですが、実際にＳＥとして働き、そして今はＳＥたちをまとめ上げる立場になった者として、ＳＥがこんなに世の中の役に立っているのにほとんど知られていないことが、僕はとてももったいないと思いました。

◆多くの人にSEのことを知ってもらいたい

日本には今、超スマート社会とも呼ばれる「Society 5.0」が訪れようとしています。詳しくは本文内でお伝えしますが、超スマート社会が実現されようとしているこれからの世の中において、企業のIT化は必須です。

そして、IT化の裏側には必ずSEの存在があります。

だとすると、これからのビジネスパーソンたちは少なからずSEたちと交流したり、一緒に仕事をしたりする機会が増えることになります。それも特定の誰かとではなく、案件ごとに入れ替わる不特定多数のSEたちとコミュニケーションを取りながら、文字通り〝ONE TEAM〟で長期間のプロジェクトをこなし、成功へ導いていく必要が出てきます。

もしもそんなときに、SEのことがわかっていたら？

システム開発がどういうもので、SEたちがどんな仕事観で仕事をしていて、どんなコミュニケーションをすればいいかがわかっていたら？

きっと、ずっとスムーズに彼らと仕事をし、自社のIT化を成功させやすくなるでしょう。

また、SEが必ず必要とされることがわかっている未来に向けて、これからSEになる人も増えてくると思います。

実際に「**2030年には55万人不足する」と言われているSE業界は、はっきり言って売り手市場。優秀な人材が求められている世界です。**

もしもそんなときに、SEになる方法がわかっていたら？

SEの仕事がどういうもので、これから目指すにはどういう選択肢があって、どんな資格を持っていれば良くて、どんな考え方や仕事の仕方をすれば成長し、成功するスーパーSEになれるのかがわかっていたら？

きっと、その人の未来の扉が開かれることになるでしょう。

また僕は現在、社員数80余名のSE集団の会社を経営しています。

彼らは日々、SEとしての技術を学び、実践し、成長しながらイキイキと仕事と向き合っています。誰ひとりとして〝やらされ感〟を感じることなく、真剣に仕事に没頭しています。

彼らに陽を当ててあげたい――そんな想いに駆られ、本書を書こうと思いました。

本書では、ＳＥのことを「知りたい」「使いたい」「なりたい」人のために、ＳＥがいったいどのような人種であるか、その実態と生態を網羅的に解説しています。

読み終えることによって、今まで闇のヴェールに包まれていたＳＥがどんなに身近な存在であるかを知るとともに、使いたいと思っている人にとってはどうすれば友好的かつ有効にＳＥを活用できるか、なりたいと思っている人にとっては具体的にどんなアクションをすればなれるのかを習得することができるでしょう。

また、現在の日本を取り巻く環境や、ＩＴ業界の簡単な編纂、そして、そこに関わるＳＥが日本や世界だけでなく、宇宙（５Ｇの世界）に対してもどのような役割を果たしていくのか、「未来」の部分についてもお伝えしていきます。

本書を読み終えたあなたが、ＳＥのことを理解し、ＳＥに関わる新しい人生の何かのきっかけを手に入れていただければ、筆者としてこれに勝る喜びはありません。

はあ…来年から就職活動か〜
情報処理科の俺たちのスキルがいかせるとこなんてあるのかなぁ
今後はIT政策の強化が予想されていますね
デジタル庁
ええ 世界的にもより一層SEの存在が重要になってくるでしょうな
!!
聞いたか!? SEになろう!
ああ 俺たちにぴったりだ!
でも…どうやってなるんだ?
さあ…?
そもそもSEって何? プログロマーと違うの?
さあ…?
う―――ん…?

Contents

第3章　SEのお仕事　～9割の人が知らないSEの仕事観と矛盾～

第4章　SEという人間　～超優秀だけど〝玉に瑕〟な人々～

第5章　SEになるメリット　〜超スマート社会に必要な職業〜

第6章　SEが成功する道　～SEとして成功するための心得～

第7章　SEの未来　～地球を超えたビジネスをする時代の生き方～

Chapter 1

SEとは何か?
～ITの裏側を作っているSEの実態～

早速ですが、１つ質問をさせてください。

「あなたの身近なところにシステム・エンジニアはいますか？」

もしも、この質問にＹＥＳと答えられたとしたら、あなたは本書を通してＳＥ（システム・エンジニア）である親・兄弟・友人・パートナー・仕事仲間が普段どんな仕事をしていて、そんな思考回路を持っていて、どんな目で世界を見つめているのか、今まで以上に理解を深めることができます。

逆に、もしもこの質問にＮＯと答えたとしたら、ラッキーです。

本書を通してＳＥとはそもそも何者で、システム・エンジニアリングの世界が一体どういうものなのか、今あるイメージをガラッと覆す〝目からウロコ〟な情報を得ることができるからです。

まず第１章では、知られているようで意外と知られていないＳＥについて、その歴史や仕事の内容、システム開発とは何か、世の中にはどんな種類のＩＴエンジニアがいて、彼らの守備領域がどんなものなのか、を網羅的にお伝えしていきます。

プログラマーとSEは何が違う?

SEの話をするときに、よく誤解されがちなのが、彼らは1日中パソコンの前でキーボードをカタカタ打ちながら、ろくに食事もとらず、誰とも話をせず、パソコンのモニターには一般の人にはわからない謎の言語（コンピューター言語）がズラリと表示され、それが眼球やメガネに反射している……そんな、ちょっとオタクっぽいイメージを持たれることがあります。

ですが、はっきり言ってしまうと、これはもう絶滅した人たちです。

SEとニアリー・イコールな意味合いで語られる職種に「プログラマー(コーダーとも言います)」と呼ばれる人がたちがいます。僕自身もかつてはそうだったので語弊を恐れずに言うなら、「一般的に誤解されがちなSE」＝「プログラマー」のことで、今や彼らは〝独立した職種〟としては存在していません。

1990年代であればまだしも、少なくとも2000年以降は、プログラマーの仕事である「プログラミング（コーディングとも言います）」はＳＥの仕事の領域の１つになりました。

時代の変化に対応できたプログラマーたちがＳＥ化していった、もしくは最初からＳＥになろうとした人がその過程でプログラミングを学んだりして、ただプログラミングをするだけの人は、ほとんど絶滅してしまったのです。

90年代のＩＴ業界はプログラマーの時代だった

プログラマーが絶滅し、ＳＥの時代になった――この背景には何があったか？

僕自身がこの時代の変化を体感してきたので、僕の簡単な略歴とともにＩＴの世界に起こった変化について、ざっくりとですが、お伝えしましょう。

僕がＩＴの業界に足を踏み入れたのは大学生のときでした。

こう書くとカッコ良さげに聞こえますが全然そんなことはなくて、実は僕は今の妻と大学3回生で学生結婚をし、さらに講義の単位を落として留年。履修届けを出したらテストまで講義は受講せず、ほとんど勉強もしなかったこともあって、留年した分の学費を親が出してくれませんでした。

生活費とは別に年間60万円の費用が必要な状態。幸い、落とした単位を取るためには土曜日だけ学校に行けばよく、月~金は自由に働くことができました。

そこで、知り合いから声をかけられ、夏頃からとあるソフトウェア・ベンチャー企業でインターンとして働くようになりました。１９９６年のことです。

この当時の僕はプログラマーでした。

プログラマーの仕事はプログラミング。プログラミングとは「プログラムを作ること」です。パソコンを使って、与えられた要件に合わせて、意図した通りの手順でコンピューターが動作するようコンピューターが理解できる言葉（コンピューター言語）に並べ替え、完成させる。

そのベンチャー企業には僕以外にも数人のプログラマーがいましたが、彼らはまるで個人事業者のように、ほとんど会社には来ず、それぞれの場所で仕事をこなしていました。

僕自身はパソコンを持っていなかったので、会社……と言っても、マンションの一室で社長と向かい合って仕事をしていました。当時のソフトウェア会社は会社としての体がなかった時代で、マンションの一室でプログラミングをするような組織が山のようにある時代でした。

僕は1年目で月200万円を売り上げ、給料もそれなりにもらえたのでモチベーション高く働き、1年半後には退職。別のソフトウェア会社に転職をしました。無事に大学も卒業しており、そのベンチャー企業でいろいろと学ばせてもらったおかげもあって、IT業界で働くことが面白くなっていました。

転職先のソフトウェア会社で、僕は初めてUNIX《ユニックス》に触れました。UNIXとは、現存する中でも最も古いOS（オペレーティング・システム）です。安全性が高く軽いことが特徴で、今あるさまざまなOSのベースとなったOSです。アップル・コンピューターのMacOSも、実はUNIXです。

ちなみにこのUNIXとともに考案されたプログラミング言語であるC言語は、UNI

Xとともに普及し、さまざまなソフトウェア開発に用いられ、多くの派生言語を生み出しました。

僕自身も、転職先のソフトウェア会社ではC言語を1から学び、UNIXの世界を経験しました。約2年半。もうすぐ西暦2000年を迎えようというころになって、今度はIT業界に「オブジェクト指向」が現れました。

そして、このオブジェクト指向が、プログラマーという職種に大きな変化をもたらすことになったのです。

オブジェクト指向によって生まれたシステム・エンジニア

1990年代後半までは、個人のプログラマーが山ほどいて、クライアントから求められる要件に合ったプログラムを1人で構築し、納品するのが普通の世界でした。

ですが、オブジェクト指向の登場で、この状況が一変します。

オブジェクト指向とは、「いかに効率良く物事を進めるか」を突き詰めた考え方のことです。

1人のプログラマーがすべての作業を担当するのではなく、効率良くソフトウェア開発を行うために事前に詳細な設計をしたり、役割の担当を決めたり……と、それまでクライアントとプログラマーが1対1でやっていた仕事を1対N、もしくはN対Nでできるようになったのです。

そうなると当然ですが、開発できるものも大きくなります。

その種類も変わって、コンピューターに動作をさせる単なるプログラムから、「システム」と呼ばれる、多くの物事や一連の働きを秩序立てた、全体的なまとまりが求められるようになりました。Webアプリなんかもこの時代から爆発的に増えていくようになります。

開発期間も数ヶ月〜1年単位（それ以上の場合もあります）と長期化し、開発は「プロジェクト」の単位で複数の人間が関わるようになりました。その数は100〜1000人の単位です。

さて、ここで少しイメージしてみてもらいたいのですが、ソフトウェア開発を依頼する側が複数人のチームで依頼をしてきて、それを開発するソフトウェア会社側も複数人のチームを編成して仕事をすることになります。N対Nの構図ですね。

しかも、開発するものの規模が大きくなり、開発期間も長期化した場合、果たして90年代のような1対1のスタンスでプログラマーは開発をしていけるでしょうか？

当然ですが、答えは「NO」なのです。

100人近い人間が1つのものを共同で作り上げる場合――大学のサークルを例に、100人で富士山に登るケースをイメージしてみましょう。

いきなり「それぞれ支度をして頂上で落ち合おう。では、出発！」とはなりません。事前にきちんと話し合いや準備をすると思います。

システム開発もそれと同じで、単にプログラミングだけをしていた時代とは打って変わって、プログラムが単体で求められる時代ではなくなりました。システムとは、「ある要求の塊」です。そのシステムを作ろうと思ったクライアント（＝会社や部署）の要求に応えるものがシステムです。

システムはプログラムやアプリのような単体のものではなく、それらが複合的に連動する集合体だと思ってください。順序としては、システム＞アプリ＞プログラムの順で細かくなっていきます。

クライアントが求める要件に対し、開発側が仕様を考え、細かいすり合わせを何度も何度も行ってから、ようやくプログラミングをするようになりました。実際にそのシステムが意図通りに動作するかどうかも、何度もくり返し試験しないといけなくなりました。

当然ですが、単にプログラミングが早いだけではなく、クライアントの要望を吸い上げ、良好な関係を維持しながら提案し、納得してもらうコミュニケーション能力も必要になりました。

少し難しい説明になってしまったかもしれませんが、90年代との大きな違いとして、オブジェクト指向によって、これまでのようなプログラミングだけで作れたものが作れなくなったこと、そして作る必要もなくなってきたことが大きいと覚えておいてください。その理由は、作るもののサイズが極端に大きくなったからです。

このプログラミングからシステム開発にパラダイムが変わった世界において、単にプログラミングをする人よりも、プロジェクトの全体最適を考えられる人が必要になりました。

かつてプログラマーだった人たちは、その時代の変化の中で自身の業務領域を大きく広げていくようになりました。

そして僕も含め、彼らはこう呼ばれるようになったのです。

「システム・エンジニア」と。

システム開発におけるプログラミングの割合とは？

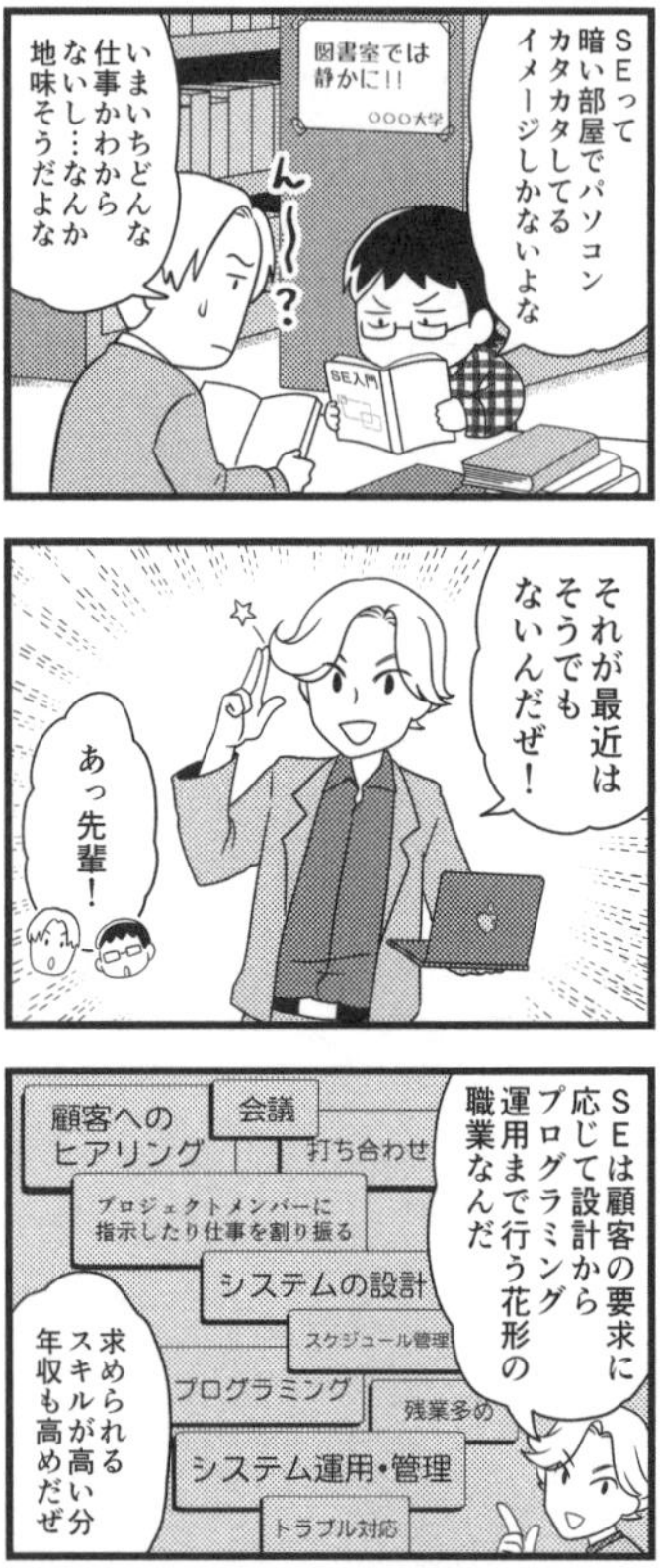

さて、2000年以降の僕の略歴を簡単にお伝えしておくと、オブジェクト指向が出てきてからは、そちらをより深く勉強するためにソフトウェア会社を退職し、別のソフトウェア開発のスタートアップ企業に転職しました。

そこで9年間勤め、時には月400時間働くようなことも経験しつつ、組織の赤字部署を黒字にV字回復させたり、並行して20個のプロジェクトを担当したりして、最終的には部長職にまでなりました。

その後、そのスタートアップ企業を退職してからは、仲間とともに起業し、現在に至ります。結局、大学の学費の60万円がほしくてたまたま足を踏み入れたこの業界に、25年以上もいることになりました。

プログラマー時代も含め、SEとして25年以上の経験を踏まえて、ここからはSEの内実について、もう一段階深掘りしていきましょう。

パソコンの前でカタカタとプログラムを打つプログラマーたちは絶滅した——ちょっと大げさですが、前項ではこう述べました。

とはいっても、0になったかというとそうではありません。プログラム開発ではかつて100%の割合を占めていたプログラミングという仕事は、システム開発の世界では、オブジェクト指向が登場してたった20年で、その守備領域を極端に小さくしていったのです。

いったい、どのくらい小さくなったか？

なんと、100分の1になりました。100%の100分の1ですから、システム開発におけるプログラミングの割合は1％以下になったことになります。しかも、これはさらに小さくなっていく傾向にあります。

なぜ、そのように言えるのでしょうか？

僕が新卒や中途を問わず新入社員に最初に伝えることがあります。

それは「システム開発において、プログラミングは全体の何％だと思いますか？」という質問です。そこで出る答えはさまざまなのですが、みんなが驚くのが、その割合がたったの10％しかない、という僕が伝える〝真実〟です。

システム開発は大きく分けて3つのフェーズがあります。

「**1．設計**」「**2．プログラミング**」「**3．試験**」です。

そのうち、ほとんどの開発期間で行うのが1と3です。詳しくは後述しますが、例えば1年という開発期間の中でプログラミングに充てる期間は1～2ヶ月。あとは仕様を決めるための設計をしたり、プログラムしたシステムがちゃんと動作するかの試験をしています。この期間が全体の9割を占めます。

しかもプログラミングは、クリエイティブな仕事というよりは、クライアントの要望をコンピューター言語に変換し、その文法通りにデータを入力する〝作業〟でしかないのです。

さらに、出来あがったシステムは最低でも5年、多くは10年近く運用されます。

この期間も、運用や保守を担当するエンジニアがずっとシステムを見守っていますので、1つのシステムを全体で見た場合、プログラミングそのものにかかる期間の割合はたったの1％になってしまうのです。

今後、IT技術の発展でクラウド化が進むと、10年という期間がもっと長くなると予想されています（現在は、大体10年くらいでハードウェアの限界が来るので、併せてソフトウェアも作り直すことになります）。クラウド化でハードウェアを持たなくなるので、ハードウェアの老朽化を防げるのです。当然ながら、運用期間が20〜30年と長期化します。

そうなると、プログラミングの割合は1％からさらに小さくなっていくでしょう。

システム開発とSEの仕事

さて、ここまででプログラマーとSEの違いや、SEに対するプログラマー的な誤解は解けたかと思います。

もう一歩踏み込んで、システム開発とSEの役割や、各種エンジニアについてお伝えしていきましょう。あまり専門的で難しい内容にならないよう、できるだけシンプルにお伝えしていきます。

そもそも、「システム開発」とはいったい何かと言うと、これまでにあった業務の効率を改善したり、最適化するために、ソフトウェアを使って、その業務に合ったシステムを作ることです。もちろん、その目的として「新しい業務の仕組みを実現させること」が考えられます。

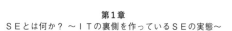

僕たちの身近な例で、Amazonで考えてみましょう。

今の僕たちは、ほしい商品があったらAmazonで調べて、買う判断をしたら画面をクリック（またはスマートフォンの画面をタップ）して商品を購入します。ほしいものが決まっているなら、恐らくその処理は1分もかからないと思います。

この仕組みを、システム化されていない過去の商店で考えてみます。

まず、商品がほしいと思ったら消費者は店まで足を運び、その商品の在庫があるかどうかを店主に確認します（サイト閲覧）。店主は「ちょっとお待ちください」と言って倉庫へ足を運び、膨大な在庫の中からその商品があるかどうかを探し、あった場合は持ち帰ってきます（商品表示）。

今度は、消費者は商品をいろいろと見て自分のほしい機能が備わっているかを確認します（商品情報の確認）。さらに価格を聞いて、予算的に大丈夫かどうかも計算します。また、もしかしたらその商品が良いものかどうか、他に買った人の意見を尋ねるかもしれません（レビューのチェック）。

そして、ようやくお金を払います（決済）。お金を払って、ようやく商品を買って帰ることができます（物流・入手）。あるいは商品が欠品していた場合、店主がメーカーに依頼して商品を取り寄せようとするでしょうし、まだ発売されていない場合は予約をすることなるでしょう。

どのくらいの時間がかかるかわかりませんが、消費者はその間を待つしかなく、さらに購入するためにもう一度、店を訪れる必要があります。もしくは、消費者が今回はペンディングしたとすれば、もう一度、店に来る必要があるでしょう（再訪問）。


このような一連の流れをシステム化し、効率化したものがAmazonです。

僕たちはパソコンやスマートフォンの画面でAmazonのトップページや商品ページの写真や文章を見て商品を購入しますが、その裏には膨大な業務システムが存在している、というわけです。

そのシステムを開発することが「システム開発」です。

他にも、楽天などのECサイト以外にも、ありとあらゆるところにシステムは存在しています。今、僕たちがインターネットを使って閲覧しているすべてのものには、その奥にシステムが存在しています。

このようなシステム開発を、クライアントの要望に合わせて設計し、システムとして完成させるのがSEの仕事です。

システム開発の一連の流れ

さらに一歩、踏み込みましょう。

このシステム開発は一般的にどのような流れで行うのか。

大きく分けて、11のステップで行います。

1. 要求分析・要件定義
2. 基本設計
3. 機能設計
4. 詳細設計
5. プログラミング
6. 単体試験
7. 結合試験
8. 総合試験

9. 運用試験
10. システムリリース
11. 運用・保守（運用体制）

このうち、1～9までがSEの仕事で、10はクライアントとのゴール地点、11からが運用・保守の長い旅の始まりです。また、先述のシステム開発の3つのフェーズで言うと、1～4が設計、5がプログラミング（入力作業）、6～9が試験になります。

それぞれを1つひとつ解説しているとページがいくらあっても足りませんし、とても詳細な説明になってしまって必然的に難しい話になってしまいます。

そこで、ここではわかりやすく「料理の新メニュー開発」で例えてみます。

◆調理までの仕込み作業が「設計」の段階

ある飲食店で、新メニューの開発を行っているとします。

オーナーが新メニューのイメージを料理長に伝えます。そのときに、料理長がオーナーと話し合って「どんな新メニューを作るか」を決めるのが1の「要件分析・要件定義」です。

メニューが決まったら、次は実際に調理するためのレシピが必要です。それを決めるのが2の「基本設計」です。

レシピが決まれば、素材（肉や野菜）や調味料を手に入れなければいけません。スーパーへ行って買ってくる場合もあれば、1から素材を育てる場合もあります。すでに店の冷蔵庫に置いてあることもあります。これが3の「機能設計」です。

それらの材料が揃ったら、素材を適正にカットしたり、調味料を必要な分量だけ合わせたりして調理するための準備を整えます。

料理は「仕込みが8割」と言われますが、この〝仕込み作業〟が「設計」で行うことです。

◆調理したメニューを味見して完成させるのが「試験」の段階

新メニューができたぞぉ味見しよう！
うん味付けはちょうどいいね
でも芋はもう少し大きく切るべきだったなぁ…煮溶けちゃったよ
単体試験
う〜ん…
芋は煮崩れない別の品種に変えよう
結合試験
そもそもこのレシピで本当に良かったのか…？
統合試験
むむ…
オーナーに満足してもらうまで何度だって作り直すぞ!!
運用試験
おー！
…とこのように新メニューを提供できるようになるまでオレ達SEは試行錯誤を繰り返しているのだよ
ふ…まいったね
あたしだって毎日やってるわよ
フン

5の「プログラミング」については、先述の通り調理の部分なので割愛します。レシピ通りに食材と調味料を使って調理すると思ってください。

ですが、新メニュー開発はここでは終わりません。そこから味見をして、もともとの設計に則したものになっているかどうか、を確認する必要があります。料理で言うならば「味見」です。

まず、素材のカット具合や調味料の配合は正しかったのかを確認するのが6の単体試験です。これは4の詳細設計と対になっています。詳細設計で設計したことが正しかったのかどうかを、単体試験で確認するのです。

以降も同じです。

買ってきた材料が本当にこれで正しかったのかを確認します。これが7の結合試験で、これは3の機能設計と対になっています。

続いて、そもそものレシピが正しかったのかを確認します。これが7の統合試験で、これは3の基本設計と対になっています。

そして最後に、最初に考えた通りの新メニューになっているかどうかをトータル的に確認する8の運用試験を行います。これは1の要件分析・要件定義と対になっています。

ここまでやって、ようやく新メニューとしてお客さまに提供できる状態になります。

SEはクライアントの意向を聞きながら新メニューを設計し、それを調理し、味見をくり返してお客さまに提供できる状態にまで持っていくことをしているわけです。

ウォーターフォール型とアジャイル型

本書では、できるだけわかりやすくするために料理の例を用いましたが、実際のシステム開発の現場では、こんなにスムーズにはいきません。

ＳＥ業界は「イレギュラーがレギュラー」「イレギュラーが99％」と言われる世界で、1～4の設計段階で細かく設計していたとしても、「あれ？　思ってたのと違うね」ということがよく起こります。

なぜなら、システム開発は〝これまでにないもの〟を作る世界だからです。

また、先述のシステム開発の一連の流れも、クライアントや受注ベンダー（ＳＥ会社）によってもまったく変わります。

ただ、あくまでも代表的なシステム開発の流れの一例として紹介しました。

ちなみに、この代表的な流れを「ウォーターフォール型」と呼びます。

その名の通り、滝のように「水＝ウォーター」が「落ちる＝フォール」です。この型では、システム開発が1→9に向かって一直線に流れます。あと戻りのできない不可逆な型で、日本で主流のやり方と言えます。

これは「作るもの」が明確になっている、製造業のようなイメージです。「これを作るためにはこういう手順でやっていく」ということが明確なので、1つずつ足元を踏み固めながら開発を進めていきます。

手戻りは苦手（というか、時間と手間がかかる）ですが、作るものが明確な場合は、スケジュールを立てやすかったり、予算や必要なSEを手配しやすかったりするメリットがあります。

一方で、クライアントの要望に応えるシステムをできる限り素早くリリースしようという考えに基づいている開発手法を「アジャイル型」と言います。

アジャイルとは英語で「迅速」という意味で、ウォーターフォール型1～9の手順を細かい単位で行ったり来たりとくり返しながら、クライアントの求めるニーズを1つずつ実装していきます。

主に海外で採用されているやり方で、これといった明確な型がなく「アウトプット・

ファースト」を基本的な考え方としています。先にアウトプットして、そこで出た問題をインプットしてまた出す。細かくリリースを作り上げていく型です。

イメージとしては、前者が「製造業＝品質良く、緻密に完成品を作る」で、後者が「サービス業＝迅速なサービス提供に重きを置く」といった感じで理解しておいてもらえればいいと思います。

どちらにも一長一短がありますが、システム開発における〝考え方〟が大きく異なるのがこの2つの違いです。これは第7章で後述します。

システム開発におけるＩＴエンジニアたちの役割

では実際に、システム開発にはどのようなＩＴエンジニアたちが関わっているのでしょうか。そしてその中で、システム・エンジニアはどういう役割を果たしているのかをお伝えしていきましょう。

さらに踏み込むことになりますが、こちらも難しい話にならないよう、できるだけシンプルに解説します。もしも、これを読んで「より詳細に知りたい！」と思った方は、専門的な情報を探して勉強してみるのもいいかもしれません。

◆システムの3層構造と2つのエンド

まず、システムは3層構造になっています。これは世の中にある99％がこの構造なので、最初はここから知っておくのがいいと思います。

1つ目の層が、僕たちの持っているパソコンやスマートフォンの領域です。そこからネットワークを介してサーバと呼ばれるソフトウェア群があって、これが2つ目の層。そして、サーバの背後にあるデータベースと呼ばれる3つ目の層です。

システム開発では、このうちのサーバ部分をSEは設計していきます。

さらにシステムの3層構造は、大きく2つに分けることができます。「フロントエンド」と「バックエンド」です。

フロントエンドは、システム全体でよりユーザー(使い手)に近い領域を指し、バックエンドはデータベースも含めた、ユーザーからは見えない領域を指します。

わかりやすく図にしましたので、30ページをご覧ください。

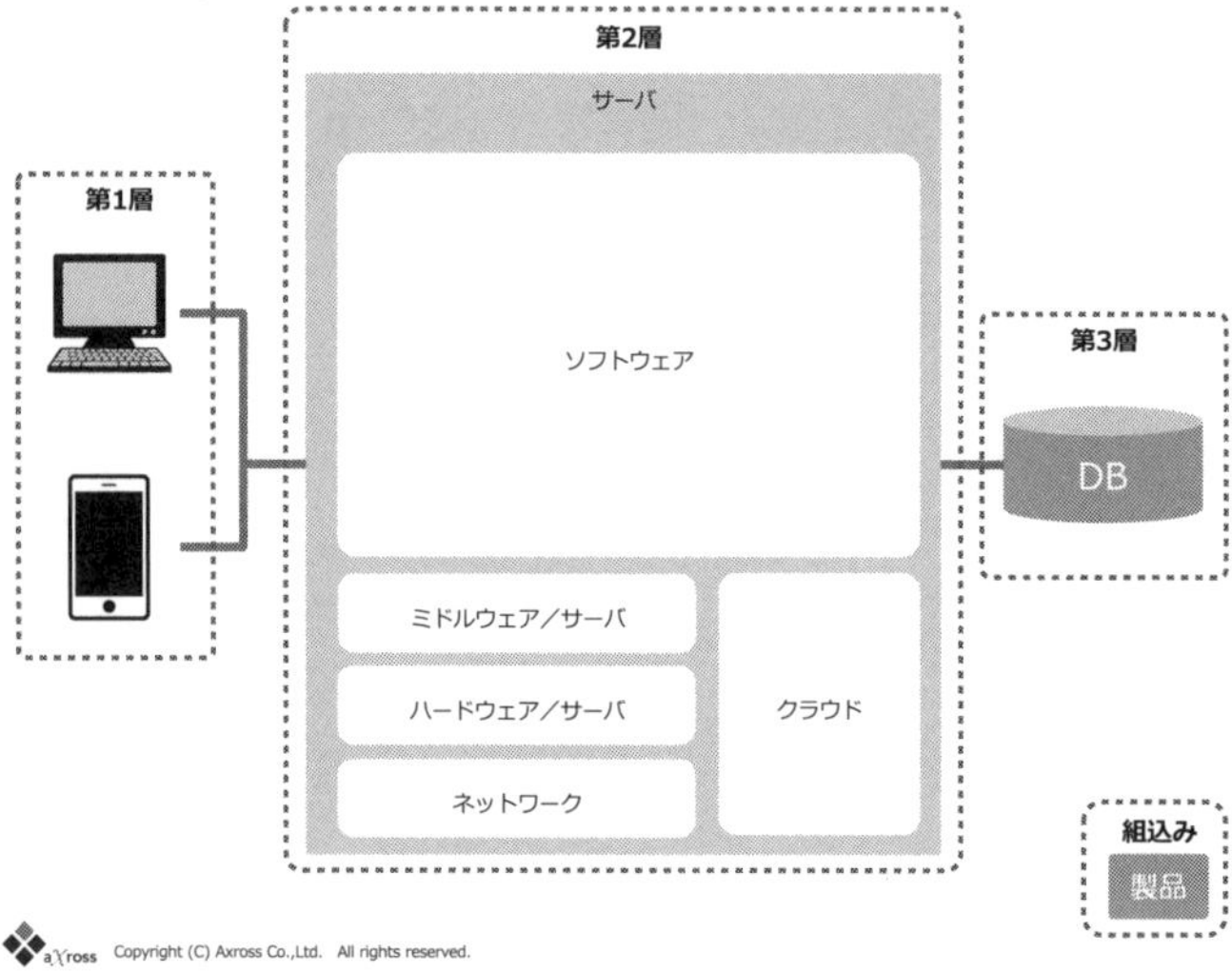
第2層
サーバ
第1層
ソフトウェア
第3層
DB
ミドルウェア／サーバ
ハードウェア／サーバ
クラウド
ネットワーク
組込み
製品
aXross Copyright (C) Axross Co.,Ltd. All rights reserved.

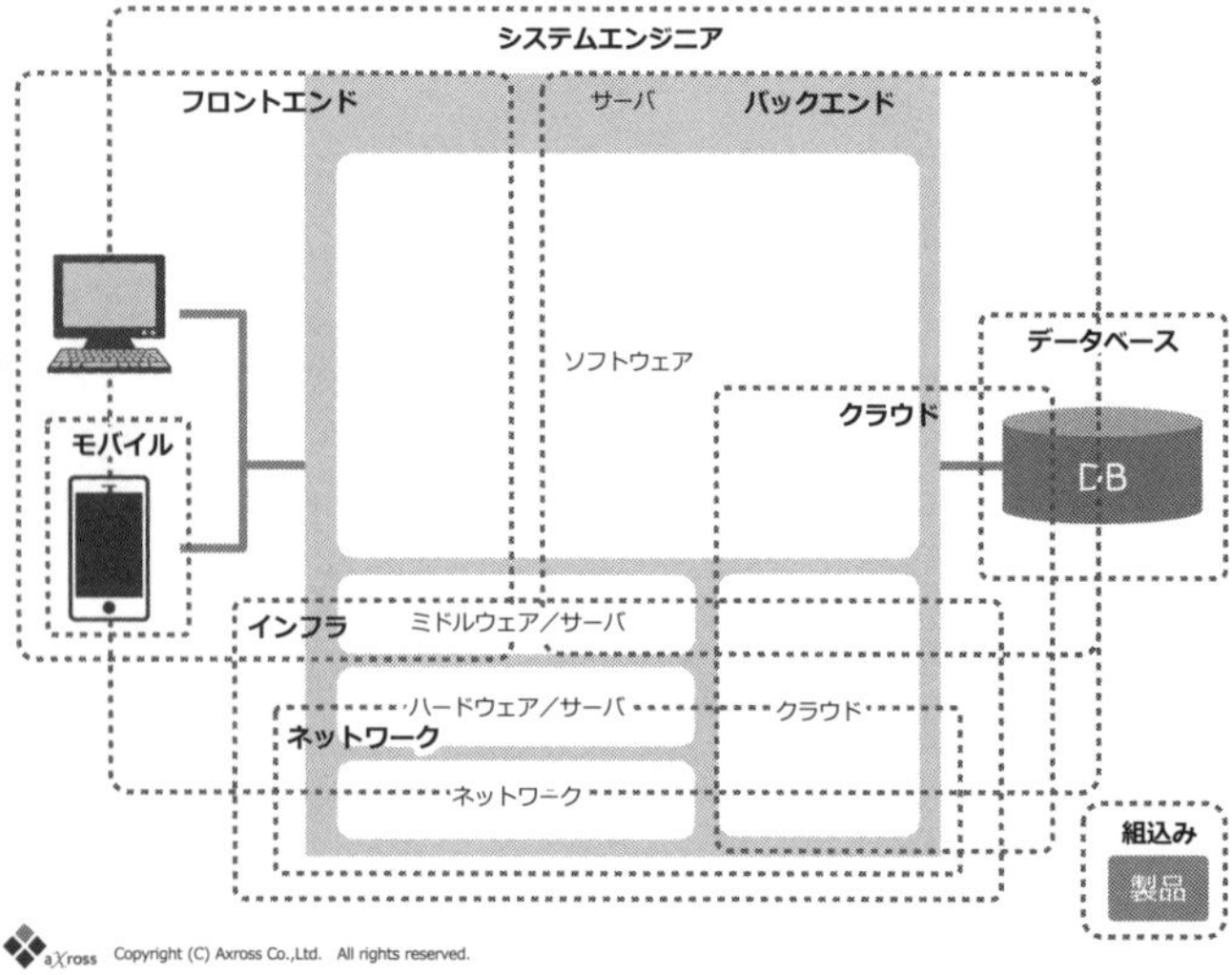
システムエンジニア
フロントエンド
サーバ
バックエンド
ソフトウェア
データベース
クラウド
モバイル
DB
インフラ
ミドルウェア／サーバ
ハードウェア／サーバ
ネットワーク
クラウド
ネットワーク
組込み
製品
aXross Copyright (C) Axross Co.,Ltd. All rights reserved.

◆システム開発の各種ITエンジニアたち

サーバ内にはソフトウェアの他に、

・ミドルウェア（アプリケーションとOSの中間的な処理を行うソフトウェア）
・ハードウェア（ソフトウェアやデータベースを格納する場所）
・ネットワーク（複数の端末が通信回線でつながっていて通信ができる状態のこと。サーバはネットワーク上に存在している）
・クラウド（クラウド上にある仮想サーバのこと。オンライン環境とアカウントがあれば、どこからでもアクセスできる）

が、存在しています。２つ目の図をご覧いただくとわかると思います。

ITエンジニアたちは、プロジェクトと自分の得意領域によって役割を与えられ、それぞれの開発を担当します。

例えば、ミドルウェア、ハードウェア、ネットワーク、クラウドのいわゆる〝サーバの下回り〟を担当する人を「インフラエンジニア」と呼びます。またその中でも、主に物理ネットワークやクラウドを担当する人を「ネットワークエンジニア」と呼びます。

他にも、インフラの中には「サーバエンジニア」と呼ばれる人や、ハードウェアやミドルウェアをセットアップする人など、微妙にニュアンスがあったりします。

また、バックエンドの領域において、主にデータベースの処理（構築からチューニングまで）を行うのが「データベースエンジニア」です。データベースのチューニングとは「効率良くそのデータにたどり着くための道順を作ること」を指します。

◆ＩＴエンジニアの呼び方に定義はない

ここまで読んで、かなり説明が曖昧な感じになっていると思うかもしれません。

まったくその通りで、正確に言えば、守備範囲によってＩＴエンジニアの呼び方は分かれているものの具体的な定義はなく、システム開発で「この辺を担当する人」という役割基準の概念でしかないのです。だからＩＴエンジニアの多くは、こうした分類の明確な説明を求められることを好みません。

例えば、データベースエンジニアであっても、データベース単体と言うことはなく、ハードウェアやネットワークに関わることが往々にしてあるのです。

明確に枠が設けられているものを挙げるとすれば、スマートフォンのアプリ開発に特化した「モバイルエンジニア」や、電化製品、カーナビ、ゲーム機などの製品に特化した「組込制御系エンジニア」は目的がはっきりしていると言えるでしょう。

そしてSEは、これらのシステム開発を全体的に扱います。その守備範囲は非常に幅広く、システム全体を、俯瞰的視点を持って設計からリリースまで、決められた期間内に持って行くのです。

IT社会の9割はSEが作ってきた

ここまで読み進めて、〝SEと呼ばれる人〟にかかっていたモヤのようなものが、かなり晴れてきたのではないでしょうか。

僕たちは普段使っているパソコンやスマートフォンを通じて触れるインターネットの世界や、Amazonや楽天やYahoo!ショッピングなどのECサイト、他にも銀行のネットのシステムや、高速道路の仕組み、宅配などの物流の管理など、挙げれば枚挙に暇がないほど、ＩＴ化された社会には、ほぼ必ずＳＥの存在があります。

実際に、ＩＴ社会に関与している人は１００万人いると言われています。そして僕を含めたＳＥたちは、あなたが普段目にしたり手にしたりしている世界の〝裏側〟でＩＴ化を進めている存在なのです。


ただ、では具体的に誰がＳＥで誰がＳＥでないのか、普段、外を歩いていてもわからないと思います。

例えば警察官であれば、あの特徴的な制服で外に出たら一発で見つけることができると思います。ですが、ＳＥに関してはそうはいきません。

そもそもＳＥはそんなにわかりやすい格好をしていませんし、１日の多くの時間をオフィスや室内で過ごしていることが多く、さらに仕事も僕たちの目には見えない世界を作っているため、その存在を実感することは難しいです。

ですが、実はＳＥは私たちの身近なところにいるのです。僕の感覚では、街に出て50人に1人はＳＥである可能性が高いです。

次章からは、そんなＳＥがいったいどんな存在で、どんなことを普段は考えていて、どんな風に仕事をして、どんな思考回路と生態をしているのか……など、本章の理解を踏まえた上でより一歩ずつ、より広く解説をしていきます。

Chapter 2

SEの誤解と真実

～IT業界の常識と世間のギャップ～

第1章では、そもそもSEがどういう人たちで、社会で、世界でどんな役割を果たしているか、SEがされてしまっている誤解について、簡単にご説明をしました。

第2章では、この「誤解されている部分」をより深掘りし、SEたちの真実を伝えるとともに、SEの頭の中がどのような形になっているのか、システム開発の現実、僕たちIT業界にいる人間と一般企業のビジネスマンとの間にあるギャップについてもお伝えしておきます。

SEはクリエイティブな仕事ではない

第1章でもお伝えした「SEの仕事の9割は設計と試験。プログラミングは10%ほどしかない」というところにもつながってきますが、SEの仕事は決してクリエイティブなものではありません。

「何かのシステムを開発するんだから、クリエイティブではないの?」

そう思うかもしれません。

確かに、プログラミングという作業においては、クリエイティブに〝見える〟面もあるでしょう。ですが、あくまでもSEの仕事はクライアントの要望をシステムに置き換えることです。確かに、クライアントの要望はこれまでにないものなので、0から1を作り出す仕事ではあります。ですが、「0」を持ってくるのは、あくまでクライアント側になります。

また、第1章でもお伝えしたとおり、その一部の仕事であるプログラミングもまた、コンピューター言語の文法通り（コンピューター言語の文法は、本屋さんで簡単に手に入れることができます）にデータを入力する作業に過ぎません。

例えば、小説家やミュージシャン、画家などのアーティストたちは自分の中のテーマで作品を作り上げます。その作業はアーティスティックと言えるでしょう。

もしも、クリエイティブという言葉がどうも腑に落ちないと感じたら、「SEの仕事はアーティスティックなものではない」と考えてみるといいかもしれません。

ただ、このことは決してSEの仕事の価値を下げるものではありません。

むしろ、これからのＩＴ社会にＳＥはますます必要になる存在ですし、アーティスティックでないということは、言い換えるなら、天賦の才能を持った限られた人でなくてもＳＥの仕事に就くことができる、というプラスの意味もあります。

ＳＥは魔法を科学に変換する

『充分に発達した科学技術は、魔法と見分けがつかない。』

これは、『2001年宇宙の旅』『幼年期の終わり』などで知られる世界三大SF作家の1人であるアーサー・C・クラークが定義した「クラークの三法則」の1つです。

今、僕たちがインターネットを通して触れている世界は、例えば1クリックで動画が再生されたり、買い物ができたり、誰かに「いいね」を送れたり、自分の表現したいことを文字や写真や動画で主張できたりと、ほんの20年前ではとても考えられなかった、それこそ魔法のようなことが簡単にできる世界になっています。

つまり、インターネットの登場で、僕たちは魔法使いになったのです。

ただ、冒頭の法則にあるように、その一見すると魔法のように見える世界は、実は高度に発達した技術によってできています。

少し難しいと思ったかもしれません。この話をSEの世界に置き換えてみます。

SEは単独で仕事はできません。あくまでもシステムを求めるクライアントの要望があって、その世界をプログラムで構成されたシステムに変換して構築します。

僕は25年以上の経験から言えることですが、ほとんどすべてのクライアントが最初にI

Tベンダー（ITのソフトウェアやサービス、システム、製品などを開発・販売する企業のこと）に求める要望は〝ファンタジーな世界〟です。

今のこのような煩雑な状態がシステム化によってこんな風になったらいい。

具体的には「今の在庫システムを誰でも簡単に見られるようにして、受発注で在庫がどう動いたかを管理したい」「勤怠管理をIT化して、毎月タイムカードで集計する手間を省けるシステムがほしい」など、果ては「今の使いにくいシステムを何とかしたい」といった漠然としたものまで、要望はさまざまですが、求められるものは、それこそ魔法の世界の出来事のようなものがほとんどです。

SEは、これをクライアントと何度も何度も打ち合わせながらシステムを設計し、科学＝デジタルに落とし込んでいきます。そして、最終的に合意した仕様をもとにプログラミングを行い、ちゃんと要望通り動くかを試験してリリースします。

つまり、僕たちが今、インターネットの世界で使っているシステムは、高度に発達した技術で魔法世界を構築した姿なのです。

SEの頭の中は完全なロジカルシンキング

魔法世界を技術で構築するわけですから、ＳＥの頭の中は完全なロジカルになっています。

クライアントの要望はメルヘンだと言いましたが、これは決して揶揄しているわけではなく、本当の話です。現状の煩雑な業務をＩＴ化によって魔法のようにスムーズにするわけですから、夢と希望に満ちています。

その夢と希望の世界を、SEは「仕様」という形に落とし込んでいきます。

仕様とは、システムの仕組みのことです。魔法を実現するためのロジックと言ってもいいでしょう。例えば、電子レンジひとつを取ってみても、単に数十秒でモノを温める魔法の中には、さまざまな機械やプログラミングがなされているのです。

システム開発の場合、製品を作るのとは規模が異なります。

SEたちはクライアントの希望を聞きながら、一見すると不機嫌そうに見えるくらい真剣に頭の中で「どのように科学化するか」をスクラップ&ビルドで検討し、ロジックを組み上げ、仕様を形作っていくのです。

そして、最終的な全体最適を考えます。

全体最適とは「企業や組織、またはシステム全体が最適化された状態を示す経営用語」ですが、システム開発においても行われます。

例えば、「画面表示の速度をアップさせたい」という限定的な要望に対して、単に表示速度と通信速度を上げることも1つの解ですが、他にもロードしている最中に〝グルクル回る輪〟が表示されるだけでも体感速度は速くなります（これは動画サイトでよく使われています）。

他にも、3つの画面展開があるとして、1画面目を表示し、2画面目に切り替わる際に実は裏側で3画面目を一緒に持ってきておけば、2画面目→3画面目の速度が上がります。このようなことは当たり前に実践されていますが、仕様を考える際は、そういったバランスを加味し、どこでクライアントの要望を満たすかを考え、システムを全体俯瞰で考えているのです。

そのときのＳＥの頭の中は99％ロジカルです。1％は聴力です。

僕なんかはよく「津田さん、私の話を聞いているときはいつも不機嫌そうですよね」と言われたりしますが、そんなときは「僕は仕様を考えているので、放置しておいてください」という会話になったりします。

魔法を科学に落とし込むパズルをしているので、はっきり言ってしまうとホスピタリティに割く脳の容量がありません。

SEは正解のないところに〝答え〟を作る

SEが不機嫌そうに（本当は不機嫌ではないのですが）仕様を考えているとき、頭の中がどうなっているのかを少し解説しておきます。

まず大前提となるのが、SEはクライアントの要望を聞いて、技術を使って〝今までにないもの〟を作ります。正解のないところに答えを出すわけです。

そのとき、キーワードとなるのが「QCD」です。

QCDは「Q＝クオリティ（品質）」「C＝コスト（価格）」「D＝デリバリー（納期）」のことを指し、SEの世界で言えば、クライアントの要望をどのくらいのクオリティで実現し、さらに予算に合わせてコストに見合うかどうかを考え、さらに納期に間に合うようデリバリーできるか、のバランスを考えます。

さらに、SEの頭の中は最新のテクノロジーでいっぱいです。

ＩＴ技術が日々刷新されていることはご存知かと思いますが、単に知識だけではなく、毎日の作業の延長に新しいテクノロジーが生まれてくるのを目の当たりにしています。昨日までできなかったことが今日はできるようになっていたり、技術の進化がとても身近にある環境で働いています。

加えて、過去の技術に対する認識も、一般の人とは異なるところがあります。

僕たちは「枯れた技術」と呼んでいるのですが、恐らく、枯れた技術と聞くと普通は「オワコン（終わってるコンテンツ）」という認識があるかもしれません。

ですが、ＳＥにとっては「枯れた技術＝安パイ」です。

枯れた技術は将来性やこれ以上の成長は望めないものではありますが、同時にリスクが〝枯れている〟ということでもあります。安心して使うことができる技術なのです。

開発するシステムのＱＣＤを考えたときに、リスクの検証されていない最新テクノロジーを過剰に使うのはチャレンジしすぎです。

80％くらいはノーリスクな過去の技術をベースにしつつ、20％くらいは新しいテクノロジーを取り入れてチャレンジしていく。そして、今までにないものを作る。

チャレンジしないのもつまらないけど、チャレンジしすぎはハイリスク。

このバランスを取りながら、クライアントの要望に則し、ＱＣＤをクリアした仕様をロジカルに考えているのです。

SEは「曖昧な表現」で痛い目を見ている

ブラウザの対応はどうしますか？納期は？
んー…
皆さんを信用してますからお好きなようにやってくださいね
いえしかし…
お好きなようにってなんだ？
はっきりしない…
曖昧だな
完成した後でクレーム来そうで嫌だなぁー
ブラウザの対応もちゃんと入れてくれよ？
納期は３カ月
予算は五百万で収めるんだできるよな!?
でもこちらも予定が…
……ハイ
ちぇっ偉そうに…
ああでも…
くぅ…
悔しいけど指示が明確でやりやすい…！

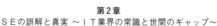

なぜここまでロジカルに突き詰めるかと言うと、突き詰めずフランクに「なるほど、わかりました。じゃあ、あとはこちらでやりますね」というやり取りで、ほとんどすべてのSEが〝痛い目〟を見ているからです。

痛い目というのは、クライアントからの「こちらが希望したのと違う」です。

しかも、そのことがわかるのはリリースをするとき。つまり、システム開発の最後のタイミングになります。

日本語は、実はとても曖昧な言語です。

「阿吽の呼吸」という言葉がありますが、僕たち日本人は生まれたときから日本の環境の中で暮らし、言葉をマスターし、ある程度の共通する阿吽の呼吸を細胞レベルで覚えます。

この阿吽の呼吸は、普段の生活ではとても役に立ちます。

例えば「今日の晩御飯は和食でいい感じに」と言えば、満足のいくものが出てくると思いますが、曖昧なプログラムなど存在しないシステム開発の世界ではそうはいきません。

〝いい感じ〟の定義が言った側と言われた側で違うことがほとんどなので、「俺が食べたかったものと違う!」となるのです。

晩御飯であれば今夜は我慢して食べれば済みますが、10年使われるシステムでは、そのようなことは許されません。

特に、システムは一度作ってしまうとそこからの修正はとても大変です。0から作るより、修正をかけるほうがそれ以上のエネルギーを必要とします。

物語の例で考えてみるといいかもしれません。

あなたが「王子様が悪のドラゴンを倒してお姫様を助け出す物語」を書き上げたとします。すると、依頼者から「実はお姫様は女装した男だった」と明かされます。

きっと、全編に渡って文章を書き直すか、物語をプロットから組み直すことになるでしょう。あるいは、それを10人の作家に書かせている場合、どこから手をつければいいのか、誰にどういう指示を出せばいいのか、ワケがわからなくなると思います。

それと同じようにプログラムを作り直したり、仕様を1から考え直さなくてはいけなくなってしまうのです。

ですから、ＳＥたちはクライアントの要望を聞きながら、曖昧な要素を排除し、ロジカルな仕様に組み上げていくために質問をくり返します。

一段ずつ石を積み上げて巨大なピラミッドを完成させるように、クライアントの頭の中にあるシステム像を具体化していくのです。ここをスルーしてしまうと、あとで大変なことになってしまうからです。

ＳＥは「全体俯瞰」で物事を見ている

あとで痛い目を見ないために、ロジカルに突き詰めていくことのほかに、ＳＥがやっていることがもう１つあります。

それが「全体俯瞰で物事を見ること」です。プロジェクトの全体最適を図るためにも、この視点を必ず持っている必要があります。クライアントから要望をヒアリングするときでも、全体像をイメージしながら話をします。

クライアントからの要望はメルヘンであると同時に「点」でやってきます。例えば、「在庫管理」という大枠のオーダーに対し、「在庫がリアルで見えること」「運送中も在庫が見えるように」というピンポイントで要望が来るのです。

そのときに、「全体をシステムのどこで見える化するか」「リアルタイムに在庫管理はシステムのどこでやるか」は全体俯瞰でないとわかりません。実は、在庫がリアルで見えることと運送中も在庫状況がわかることは、イメージの中では一括であっても、システム上では別の階層で処理されることだったりするのです。

この辺りのことは実際にSEでないと理解しにくいかもしれません。

ですので、SEがやっている全体俯瞰を「木の彫り物」で例えてみます。

目の前に木の柱があって、柱には鉛筆で女神像の線が引かれていれば、何をどう彫ればいいかはわかると思います。ですが、実際に彫る段になると、例えば、目を掘っては全体を見て、鼻を掘っては全体を見て……と、常に「部分」と「全体」を交互に行き来しながら全体が設計通りに彫れているかをチェックするでしょう。

逆に、目や鼻だけに集中して美しい部分を彫れたとしても、離れてみると女神像としてはなぜかブサイクだったり……ということも想像できると思います。

先述の通り、一度作ってしまったシステムを修正するほうが、エネルギーが必要になります。プロジェクトに１ヶ所でも穴があるとチーム全体がガタガタになって、必ず痛い目を見ます。

そうならないように、ＳＥは全体俯瞰で物事を見ているのです。

SEは「タスク」という概念で動く

魔法を科学に落とし込むパズル、全体俯瞰で物事を見ること――これらはSEにとっての職業病の1つです。ただその中でも、最大の職業病があります。
それが「タスク」という概念で動くことです。
「ガントチャート」というものをご存知でしょうか？

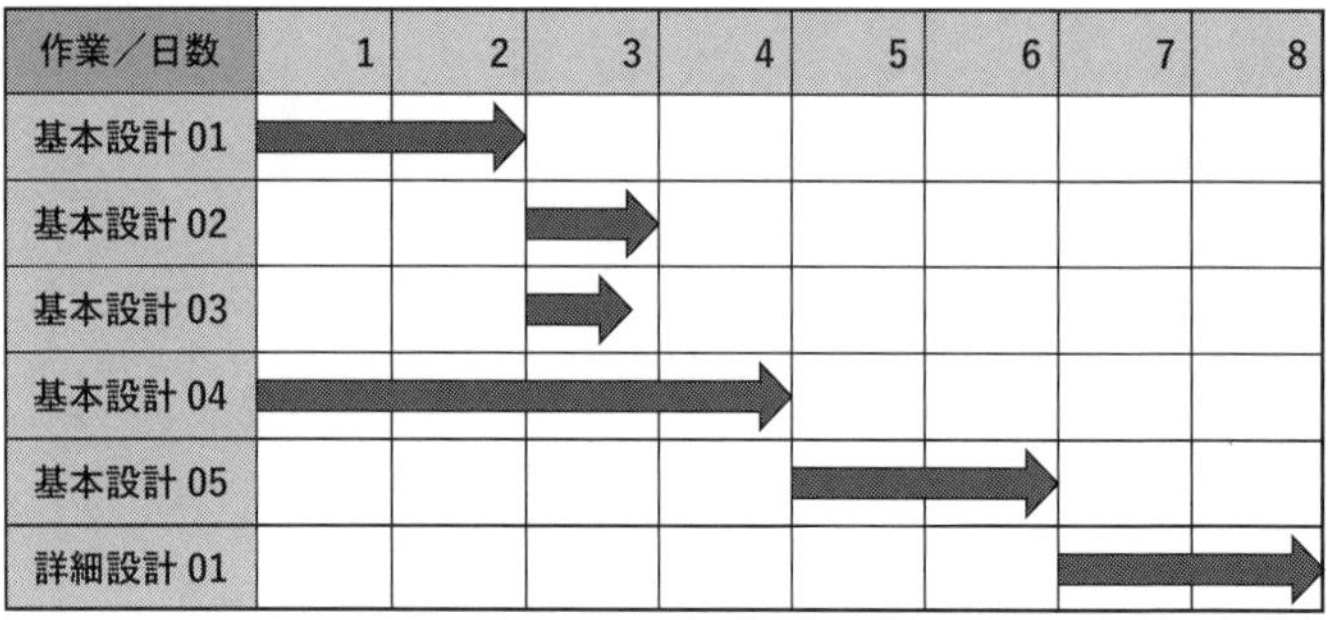

作業／日数
1
2
3
4
5
6
7
8
基本設計01
基本設計02
基本設計03
基本設計04
基本設計05
詳細設計01

ガントチャートとは棒グラフの一種で、作業の進捗状況を横軸の棒グラフと縦軸の「何か」によって表すものです。プロジェクト管理や生産管理など、工程管理に用いられる表であり、作業計画を視覚的に表現することができます。

恐らく、一目で頭が痛くなったと思います。

ですが、ＳＥはシステム開発のスケジュールを、このガントチャートを頭の中で整理しながら、進捗管理を行っています。

システムを開発するとき、クライアントとの打ち合わせの末に仕様が決まったら、ＱＣＤの「Ｄ」の部分――つまり、納期に向けて「誰が、何を、いつまでにすべきか」ということをスケジューリングし、リリースというゴールに向けてタスクを分解していきます。

そして、日々の仕事をこなしながら、ゴールに向けてタスクを減らしていくのです。これは僕が入社してきた新入社員に最初に教えることでもあります。

もちろん、本書をお読みいただいているあなたが、今すぐガントチャートを100％理解する必要はありません。ですが、ガントチャートで物事を考えると、例えば「梅おにぎりを作る」という1つの工程であっても、なかなか奥が深いことが見えてきます。

納期が短い場合であれば、お米や海苔や梅干しをスーパーに買いに行くところから始まりますし、1年という猶予があるなら、田植えをするところから始まるかもしれません。塩だって、おにぎりのクオリティを上げるために、食塩ではなく沖縄の海水から作ったミネラルたっぷりの海塩のほうがいいかもしれません。

それを誰が、いつまでに、何を用意し……という風に、おにぎりづくり1つとってみても、なかなか面白いのです。

システム開発には「金額」がない

クライアントには「作りたいもの＝システム化したい業務」があって、SEは解決策としてのシステムを提案する——クライアントとSEの関係は基本的にこの形になります。

ただ、SE側が提案するシステムには〝絶対的な答え〟は存在しません。

例えば、クライアントが3社に同じ要望を出したとしても、出てくる答えは三者三様です。ITベンダーの持っている技術力や、クライアントの要望をどんなテクノロジーを使って実現するか、どのようなシステム構成か、などの条件によって——つまり、「やり方」によって変わってくるからです。

SE側の提案が三者三様ですから、当然、金額も違ってきます。

はっきり言ってしまうと、システム開発には「金額」が存在しません。ITベンダーA社では1000万円の提案もあれば、B社では1億円になることも普通にあり得るのです。

これは「高いから良い」「安いから悪い」という話ではありません。クライアント側の要望をどのような形で実現するかによるのです。

大手企業からの依頼のような規模が大きいレベルであれば金額も人数も増えますし、中小企業からの1000万円くらいのレベルならスーパーSEが1人で考えられる規模になるでしょう。

そのITベンダーの技術力や、SEの手腕によって1000万円〜数億円規模にまで変化する。システム開発は非常にダイナミックな仕事なのです。

システム開発は「長距離レース」&「マスゲーム」である

第1章で、オブジェクト指向の登場でシステム開発は複数の人間が関わるようになり、その数は100〜1000人の単位であることをお伝えしました。

これはよく勘違いされていることですが、すでにシステム開発がITエンジニア1人の

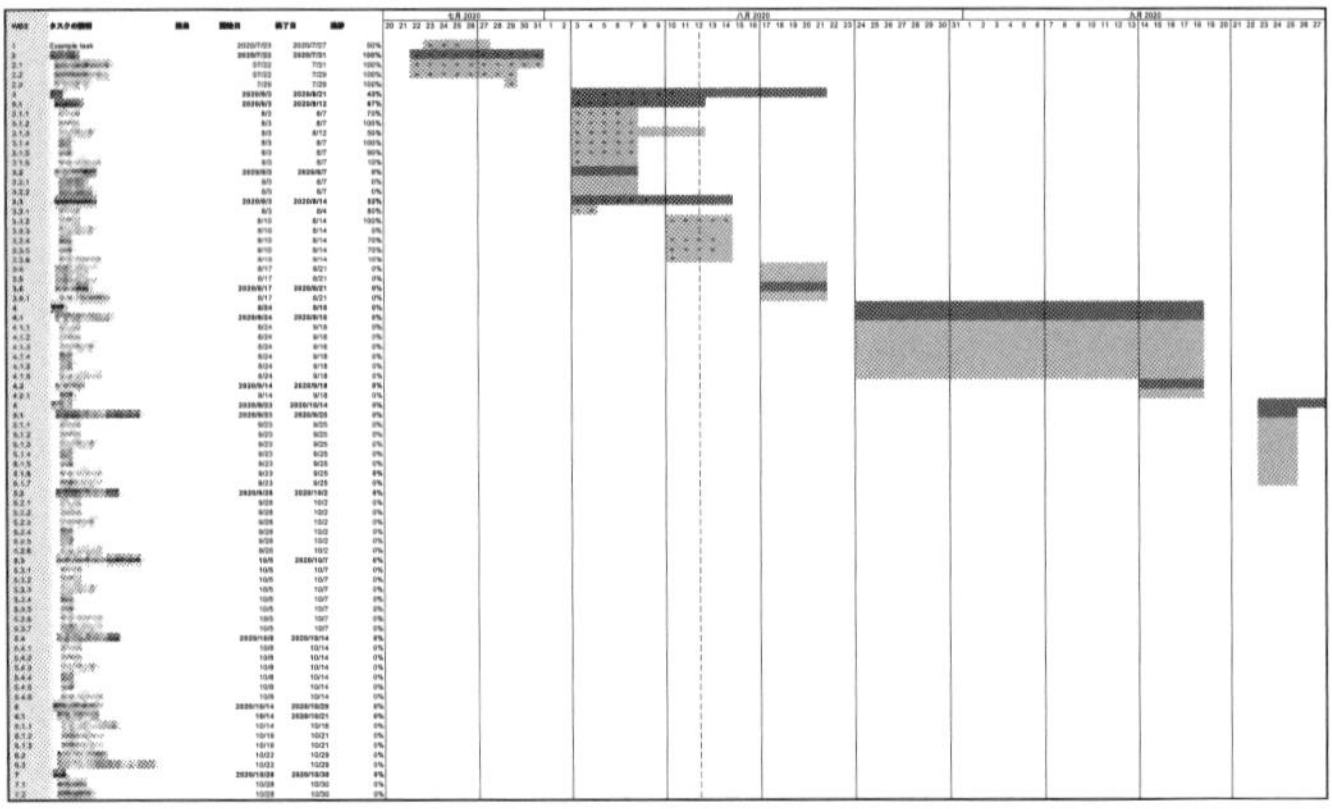

ガントチャート

力ではとても対応しきれない規模になっている世界では、個人ではなくマスゲーム（多人数が一団となって行う種々の体操やダンスを行うこと）＝組織プレーで仕事をしていくしかありません。

またシステム開発は、文字ではたった6文字なのですが、その中身は最低でも3ヶ月、最長だと1年から数年に渡るものもあるくらいの〝長距離レース〟です。もしくは、ルートの決まっていないマラソンと言い換えてもいいでしょう。

ですから、段取りで始まり、段取りで終わる。旅で言うなら、ルートを決めるところから始まります。

ここまでにお伝えしてきた全体俯瞰やガントチャートは、単にクライアントの要望を具体化することだけではなく、実際にそれを開発していく際に誰に何を担当させ、いつまでにどこまでを開発して、最終的に何月何日にリリースに持って行くかを示すためのものでもあるのです。

SEは「プロジェクト」単位で仕事をする

長距離レースであるシステム開発をSEがどのようにこなしているかというと、「プロジェクト」という単位で仕事を区切って、作業をしています。

これは、一般的な業種の仕事とSEの仕事で僕が最も大きく違うと思うところです。

どのように違うかというと、プロジェクト単位で仕事をするため、発注側も受注側も一緒に1つの組織としてプロジェクトを進めていく関係になるところです。

もちろん、受発注の関係は存在します。

発注側になるのは一般の企業です。「自社のこの部分をIT化して、これまでよりも効率と生産性をアップさせたい」といった漠然としたニーズをもとに、ＩＴベンダーと契約を交わします。当然、受注側はＩＴベンダーになります。

一般の会社であれば、この関係性が単に商品売買のやり取りであったり、製品を提供してからアフターサービスまでの長期的な売り手と買い手の関係だったりすると思います。ですがＳＥの場合は、クライアントの希望するシステムを開発する際に１つのプロジェクトという単位でチームを発足し、そこに参加する人を集めて体制を作っていくところから始まります。

くり返しになりますが、システム開発はマスゲームです。だから当然、プロジェクトのメンバーはクライアントもＳＥも含みます。クライアントの注文にＳＥだけを集めて「あれやこれや」と製品を作ってリリースするわけではありません。例えるなら、「●●プロジェクトという１つの組織」を作るイメージをしてもらうといいと思います。

SEはクライアントと対等に仕事をする

クライアントも含めたチーム体制だったら、もしかしたら、そこには越えられない上下関係の壁が存在すると思うかもしれません。

実はそういう壁はむしろ邪魔で、SE側が言われたことだけやればいいという、部外者の感覚でクライアントと仕事をしていると、大概はそのプロジェクトは失敗します。もちろん、会社内での先輩・後輩、役職による上司・部下の上下関係はあります。時には、それによる矛盾や躓きが発生することもあります。また、お金の流れにおいての受発注の関係も存在します。

ですが、SEはクライアントと対等な関係で仕事をします。

基本的にはプロジェクトを発足させ、チームメンバーを揃えた時点で、そのプロジェクトには「ゴール」が設定されています。ゴールは「クライアントの求めるシステムを、このような仕様で、1年かけて開発する」という明確な形になっています。

そして、そのゴールを目指すのはクライアントとＳＥの両方なのです。「良いものを作る」という部分で矢印が合っているため、クライアントとＳＥは対等以上の一体感で結ばれるようになります。これを僕たちは「パートナーシップ」と呼んでいます。

その感覚は、まさに〝同じ釜の飯を食う〟の感覚です。例えるなら部活の合宿や、体育祭や文化祭のクラスの集まりに似ています。当然ながら、発注側・受注側の垣根を越えて仲良くなり、対等な関係で仕事ができるようになり、マスゲームを行う布陣ができ上っていくのです。

私自身もこの一体になっていく感覚が大好きで、この仕事の一番の醍醐味だと思っています。

システム開発は〝イレギュラーがレギュラー〟

ここまでお読みいただいて、

「これだけ準備をするんだから、流れ始めたシステム開発はスムーズだろう」

と思ったかもしれません。

……残念ながら、そんなことはありません。

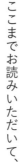

ここまでお伝えしてきたような準備をしていても、予定通りに行かないのが現実です。僕はこれを「イレギュラーがレギュラー」と呼んでいます。

例えば、

- **発注サイドと開発サイドのコミュニケーションが不足していた**
- **納期や予算が予想を超えてしまった**
- **トラブルに対応するスケジュール的ゆとりが甘かった**
- **ITエンジニアたちの能力が不足していた**
- **プロジェクトマネジャーの進捗管理能力が不足していた**
- **プロジェクトメンバーが一丸となり切れていなかった**
- **クライアントに振り回されてプロジェクトが変な方向に転がった**

など、細かく挙げ出せば枚挙に暇がないですが、『日経コンピュータ』の調査では、2018年のプロジェクト成功率は約53%で、2008年の同調査の結果である約27%に比べて2倍近くに上がってはいるものの、それでもシステム開発が未だにスムーズではないことを示しています。

本書でお伝えしている内容はシステム開発の絶対的な基準ではなく、システム開発をする際にほとんどすべてのケースで行われている標準的なことを網羅していますが、それでも成功率は6割に満たないのです。

さらに僕の経験では、システム開発の成功率に関わらず、仮に成功しているプロジェクトであっても、１００％うまく行かないというよりは、むしろ99％イレギュラーだらけなのがシステム開発の現実です。

「柔軟な適材適所」がプロジェクトの生命線

99％イレギュラーな現場で、プロジェクト管理者やチームリーダーなどの責任者――つまり、マネジメントに関わるＳＥたちは適材適所に作業をするＳＥたちを配置することを考えています。

次の章でお伝えしますが、ＳＥの世界は一期一会。同じＳＥに再会することは、ほぼありません。プロジェクトを失敗させないためにＳＥたちの適材適所を見抜いて配置するのが、マネジャーＳＥの役割です。

システム開発にはＱＣＤがある、とお伝えしました。野球で言うなら、１３５試合のペナントレースの中で日本一になるのがミッションです。

これを実現するために生命線が「柔軟な適材適所」です。

合わない人を合わない業務に担当させても成果が出なかったり、逆にＡさんとＢさんを入れ替えただけで効率が3倍になったりすることもあります。短期間でも一気に成長するＳＥもいたり、それぞれ知識や経験の豊富さがバラバラだったり……と、ムダを少なくすることを念頭に置いて、柔軟に対応できることはいくらでもあります。

もちろん、それでもイレギュラーは発生しますから、優秀なマネジャーＳＥは、それさえも踏まえて人を配置しているのです。

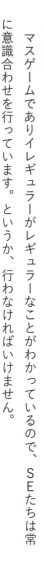

SEは常に「意識合わせ」をくり返している

マスゲームでありイレギュラーがレギュラーなことがわかっているので、SEたちは常に意識合わせを行っています。というか、行わなければいけません。

SEの現場では「じゃあ、すり合わせが必要だね」「これって意識合わせしたほうが良くない?」という会話が飛び交っています。決められた仕様をもとに、少しでもズレがあれば「ちょっとすいません、この件いいですか？」「これって、この仕様と合っていますか？」というやり取りが常にあるのです。

システム開発は１００％の結果を求められます。寸分の狂いも許されず、狂いがあれば要望通りに現実的に動いてくれません。

一方で、開発しているプロジェクトメンバーは人間です。当然ですが、人間同士の認識にズレが生じるのは仕方がありませんし、むしろズレていくのが普通です。

この矛盾した環境を人の力でアジャストさせながら結果を出していくのがシステム開発です。

そのためには大小さまざまなミーティングが必要になります。

毎日、毎週、毎月……というタイミングがそれぞれあったり、朝と夕方のチームもあれば、週1回のチームもあったり。やることのボリュームや人数、期間によって、それは変わってきます。

ですが、ミーティングはプロジェクトを計画する際にあらかじめ定例的にスケジューリングされ、あとは個別の調整ミーティングが決められていきます。

そしてそれらの中で、例えば朝会で何かのズレの報告があれば、「じゃあ、午後からその件で打ち合わせしよう」となり、詳細を詰めていくのです。

バグはシステムの持病のようなもの

100%の結果を求め、99%のイレギュラーの中で細かく意識合わせをしながらようやくリリースにこぎつけても、運用開始後に必ず見つかるのが「バグ」の存在です。

バグとは「Bug=悪さをする虫」という意味です。

もともとはソフトウェアのエラーのことを指していましたが、現在では「プログラムが作成者の意図した動きと違う動作をする原因」を総称してバグと呼ぶようになりました。

「バグがあるとシステムとしては欠陥品じゃないの?」

そんな風に思うかもしれませんが、違います。

ＳＥからすれば、バグは必ず残るもの。どんなに試験をしても不具合は残るのがソフトウェアの考え方であり、人間で言い換えるなら、たまに片頭痛が出たり、お腹が痛くなったり、天気が悪いと膝の関節が痛くなるような「持病＝うまくつき合っていく相手」なのです。つらいことではありますが。

もちろん、試験を永久に繰り返すことで完全にバグをなくすことはできる〝かも〟しれませんが、その頃にはそのシステムは不要なものになっている可能性が高いです。

それよりは、納期に間に合わせてリリースをした上で、運用していく過程でシステムトラブルが出たら24時間３６５日で即対応するほうが現実的です。そのために運用や保守を担当するエンジニアが、システムの長い旅をずっと見守っているのです。

運用に関してはシステム開発とは別の会社が行うことがほとんどです。

運用エンジニアは言ってみれば「システムの保安官」です。どの会社も24時間３６５日体制、2～3交代制で〝基本的には何も不具合が起きない〟前提でシステムの健康状態をログによってチェックしています。

そして、もしもいざトラブル（止まった、落ちた、機能が停止した、など）があったら、運用エンジニアたちはシステムを再起動させたり、自分たちではどうしようもないと判断したら開発したＩＴベンダーに連絡して対応します。

“SEは「スーパースペシャリスト」である”

システム開発とは
〝旅〟である
100人…
500人…
いやあるいは千人もの仲間たちと長く辛い道のりを超えていく――
資料
共に泣き笑い時には衝突することもあるだろう
顧客
それはクライアントとて例外ではない
我々は一丸となって〝良いものを作る〟というゴールに向かって突き進むのだ
その先にあるまだ見ぬ便利な世界へ向かって……!

本章の冒頭で、ＳＥはクリエイティブな仕事ではない、とお伝えしました。

ここまでの内容を踏まえて、ではＳＥとは何かと言うと、**ＳＥとはスーパースペシャリストです**。これが僕の認識です。

すでにお伝えしてきた通り、システム開発ではクライアントの要望１００％を１ミリずつ細切れにしてタスクを作って、ガントチャートで管理します。これらの仕分けはリーダーやマネジャー層のＳＥたちがやり、それぞれにロール（役割）を与えられた担当ＳＥたちが作業をこなしていきます。


例えるならば、１００人や１０００人を集めてショート駅伝のスタンスでフルマラソンをゴールするのがシステム開発なのです。

「４２・１９５キロを2時間半で走り切る」という全体の大きなゴール設定に対しメンバーを集め、人数によりますが、各担当の走る距離を細切れにしてショートゴールを設定する。

「3分半で自分の担当する区間１０００メートルを走ろう」という〝短ければ短いほどいいマイルストーン〟を置いてあげれば、あとはイノシシのように目標に向かって一直線に仕事をし、いつの間にかフルマラソンの距離を予定通りに走り切っている人種なのです。

僕はプラスの意味合いで「SEとハサミは使いよう」と言いますが、スケジュールとタスクをきっちり管理すれば、SEたちは喜んでその全能力を発揮してくれます。

時にクライアントの中には気を使ってなのか、明確な指示を出さず「自分の裁量で自由に、うまくやってね」と丸投げする人もいますが、SEは好き勝手したいけど自由は嫌い(管理されたい)なので、そのやり方ではうまく行きません。

アーティスティックに〝おまかせ〟するのではなく、スーパースペシャリスト作業者として考えると、彼らはその仕事の中で達成感と自己成長と喜びを感じるのです。

本章まででSEについては網羅的に知っていただけたと思うので、次章からは具体的にSEを活用していくための知識として、彼らの習性や仕事観などについてお伝えしていきます。

Chapter 3

SEのお仕事

～9割の人が知らないSEの仕事観と矛盾～

いかん！
集中集中…
そうだ…
無になれば雑音なんて
どうってことないさ…！
しん…

本章では、仕事におけるＳＥがどのような人種なのか、ということについて、彼らが実際に取り組んでいるプロジェクトや仕事観、業務の特徴について解説しながらお伝えしていきます。

非常にロジカルで効率的な半面、ＳＥはいろいろと矛盾を抱えた〝なかなか面白い人たち〟です（ほめ言葉です）。

彼らのことをより深く知り、ビジネスで活用するヒントを得てもらいたいと思います。

ＳＥはプロジェクト構成の時間軸を持っている

ＳＥが関わるプロジェクトは短くて３ヶ月。通常は６ヶ月〜１年の期間で流れていきます。大手企業の大規模なプロジェクトだと、開発だけで２〜３年のものもあったりします。

ですから、１人のＳＥは１年間で１〜３つくらいのプロジェクトに関わることになりますし、必然的に通常の会社の時間の流れとは別に、システム開発用の時系列を持っています。

例えば、Aくんの場合は「4月に始まってリリースが10月だから、運用・保守までやって12月で終了。そして、来年1月から新しいプロジェクトが始まる」というサイクル。Bさんの場合は「4月まで他のプロジェクトに関わっていて、5月から来年3月までの長いプロジェクトに入る」というように、会社の1年とは違う、プロジェクト構成の365日が存在し、プロジェクトは工程や役割に切られていくのです。

プロジェクトはチームでやり遂げる共感達成型ビジネス

プロジェクトの中には、チームが10個も20個もあったりします。それぞれが機能や分野が異なり、例えば「Aチームは掲示板を担当」「Bチームはお知らせ配信を担当」などに分けられています。

1つのチームは3～20人くらいの幅があります。数十人になると、そのチームの中身またサブチームが区切られることもあります。最終的に1つのプロジェクトでピラミッド型のチーム構造図ができ上がります。

それぞれのSEには仕事のタスクやスケジュールが設定されます。ガントチャートを使って、全体のスケジュールとタスクに合わせて段階的に調整していきます。

例えるならこれは、チーム対抗の混合戦のようなものです。

あとでお伝えしますが、SEたちはチームの中で〝まったくはじめまして〟な相手と「よろしくお願いします」と握手をするところから仕事が始まります。

それでも各チームにはちゃんと達成すべきミッションがあって、それは最終的に1つのゴールに紐づいていて、ピラミッド構造の中で小さなチームがそれぞれに自分のやるべきことを達成し、全体で大きなゴールを目指します。

さらに、これもすでにお伝えしましたが、システム開発は「まったく作ったことのないものを作る」「イレギュラーがレギュラー」ですから、常に意識合わせをして問題解決をしながらプロジェクトを進めていきます。

1つのプロジェクトの中で、この問題解決がチーム単位でそこかしこで起こると何が起きるのか？

解決するたびに喜びが生まれるのです。

自分たちのチームが作ったある機能が、他のチームが作っている機能に影響を及ぼすこともありますので、複数チーム間で共通する問題の解決に取り組む場面も出てきます。

「システム開発はマスゲームだ」ともお伝えしましたが、数十人〜数百人、多いときは1000人を超える規模で1つのシステムを開発する様は、まさしくその通りだと実感しています。


そして何より、小さな問題を1つずつ解決し、最後に「今回のプロジェクトチームはすごいね！」とクライアントから言われたときには、言い表せない達成感を得られます。「この仕様で行こう」と会議で開発するシステムの仕様が決まったときも、例えようのない快感が頭の中を埋め尽くします。

これはSEだけではありません。サポーターであり、チームオーナーであるクライアントも含めたそのプロジェクトのチームメンバー全員が、最高の笑顔でニコニコしているのです。

僕はずっとSEをやってきたので他の業種はわかりませんが、こういう体験を常に仕事の中で得られる環境は、あんまりないんじゃないかと思います。

あえて例えるなら、サッカーで点を獲ったときに似ているかもしれません。どこにボールを出すべきか、状況に合わせてパスを出し、パスをつないで点を獲る。

サッカー選手たちがたった1点を獲るためにたった1つのボールを必死に追いかけ、点を獲ったときにみんなで心から喜んでいる様子を見ていると、そんな風に感じるのです。

SEはサラリーマンでも意識はフリーランス

サッカーチームに似たプレーと達成感や感動があるのとともに、逆にサッカーとは大きく違うのが、「プロジェクトで毎回メンバーが異なる」という点です。

クライアントは当然のこと、一緒に仕事をするメンバーもまったく変わります。

先述の通り、1つのプロジェクトは数百人規模になります。1000人規模も珍しくなく、メガバンクのシステムなどは5000人規模で、予算も数百億円規模だったりします。ですが、そのプロジェクトのメンバーを1社で賄えるITベンダーはなかなかありません（それが中小企業でも大きな仕事ができる理由でもあるのですが）。

大体の場合、1社から1人～数人のSEが選出され、数百社の単位でプロジェクトチームを組みます。当然、自分以外は9割9分9厘、他社のSEなので、「初めまして」の挨拶からいきなりチームが始まります。過去に一緒に仕事をしたSEと再会することは人生で1回あるかないか、と言っていいでしょう。

常にそのような環境で仕事をしているSEという人種は、基本的に企業に属していてもフリーランス意識が高いというか、社会人として自立した「個」の意識を持っています。

今は経営者ですが、SEだった時代の僕も「津田徹は株式会社○○の人間だ」というよりは「SE津田徹が株式会社○○に所属している」という感覚でした。芸能人と芸能事務所の関係に近いかもしれません。

もちろん、中にはそれが苦手な人もいるにはいます。ですが、多くは個としての主義・主張を持っていて、タレントや俳優が映画やドラマやバラエティ番組で芸を磨くように、繰り返されるチームのスクラップ&ビルドの中で自分を磨きます。

加えてもう1つ、このような働き方ができるのは、SEは基本的に他人への興味が薄い人たちが多いから、とも言えます。

さらに、プロジェクトではチームの中で自分の役割が明確になっているので、そこがはっきりしていれば誰と仕事をするかということはあまり気にならず、第2章でお伝えした通り変な上下関係もないので、初めて会った人とでもすぐに仲良くなり、仕事ができるのです。

SEはダラダラしながらきっちり期限を守る

フリーランス意識が強いこととプロジェクト単位の時間軸を持っていることにつながる内容として、SEは仕事の時間の使い方についても自分の裁量で行う傾向が強い人種です。

1つのプロジェクトはデイリー、ウィークリー、マンスリー、中長期……という風にスケジュールが切られています。ただ例えば、あるタスクを3日間のスケジュールで組んだとしたら、その中の時間をどう使うかは個々に任せられているのです。

今日でなくてもいい仕事であれば残業せずに明日に回したりもできますし、逆に夏休みの宿題を7月中に終わらせるかのように最初に集中して後ろに余裕を持たせるSEもいたりします。

ちなみに、どちらかというと前倒しで自分を追い詰めて仕事をするSEのほうが多い傾向にあります。これは「タスクを完了できなかったらどうしよう」という不安が強い人が多いからです。

自分の裁量で時間管理をするSEの姿は、もしかするとダラダラ仕事をしているように見えるかもしれません。

例えば、いきなり30分くらい仮眠を取ったり、ランチタイムでもないのに食事に出かけたり、何の用事かはわからないけどいきなりいなくなったり……しかも、そのときにわざわざ許可を取ったりしません。

これは裁量権を持っているがゆえの「抜くときは抜く文化」なのです。

プロゆえに抜くときは抜いて、集中するときは異常に集中する。

「体調不良でできませんでした」が通用しない世界で、ＳＥのダラダラにはタイムマネジメントとメンタルとフィジカルのヘルスマネジメントが含まれているのです。

ＳＥの体調不良は日常茶飯事

とはいえ、ＳＥの多くは基本的に体調不良気味です。

僕がクライアントになったある会社の工場を見学に行ったときの話です。社内のシステム化の打ち合わせで伺ったのですが、先方との雑談で驚いたことがありました。

「今のこの工場の業務で、もしも誰かが体調不良で休んだら困りますよね？　どうするんですか？」

「そんなことは基本的にないですよ。あっても、年に数えられる程度です」

先方が不思議そうに僕の顔を見ていたのを今でも覚えています。

僕が驚いたのは、「これが一般の業界なんだ！」ということでした。

朝は9時前に出社して定時まで働き、多少の残業はあっても翌日はまた同じ時間から仕事が円滑に始まる。誰も遅刻しないし、必ず出社する。

これに比べて、ＳＥの業界はそもそもの勤怠の考え方が異なります。

先述の通り、時間の裁量も個人に任されているので、「ここまでに帳尻を合わせればいい」「やることをやっていれば（きちんとアウトプットをしていれば）いい」という考え方がまかり通っています。

実際の話だと、朝礼や夕礼が設定されていても、遅刻や体調不良で午前休を取るＳＥは少なくありません。9時出社なのに体調不良を理由に10時に出社した社員もいたりします。僕は心の中で『どうして体調不良でも1時間の遅刻で出社できるのに、定時に来ないんだよ』とツッコミを入れました（笑）。

一度、17時に出社した社員もいました。定時は18時です。1時間で帰るのかと思いきや、申し訳程度に1時間だけ残業して19時に帰りました。出社したことをほめるべきか「そこまで遅刻するなら休めよ」と言うべきか、迷いました（笑）。

「良い／悪い」ではなく、ＳＥ業界は、プロ意識の高い人の集合体であり、それゆえに、最高のパフォーマンスを発揮するための「自己責任を伴う自由裁量制」が許されるのです。

そして同時に、かつての自分も同じだったことを思い出しました。今では管理側に回ってしまったので、作業側のＳＥとは時間感覚がすっかり変わってしまっているのかもしれません。

この先でお伝えしますが、ＳＥは責任感があるので、出社して自分のタスクをこなします。ただ一方で、それまでは自由にさせてほしい。普通の人が休まないタイミングで休む代わりに、普通の人が休むタイミングで働く。

しかも、身を粉にして仕事を優先させる傾向が極めて強いので、いろいろなものがすり減っていて、例えば食事だったり、睡眠時間やプライベートを疎かにしても仕事をする。

ですから、ＳＥの体調不良は日常茶飯事なのです。

少し温かい目で見てもらえると、彼らは嬉しいと思います。

ＳＥは半端じゃない集中力を持っている

決められたスケジュールの中でマイペースに仕事をするだけあって、一度作業に入ったときのＳＥの集中力にはすごいものがあります。

周囲が何かを話していても聞こえない、本当にゾーンに入っているくらいに集中して作業を行い、例えば、

「あれ？　津田さんいたんですか？」

「いたよ。さっき隣で話してたこと、聞いてた？」

「あぁ、何か話してましたよね。何ですか？」

と聞いていなかったりします。

ちなみに、人間の脳は「無の状態」がつらいので、「有の状態」にするために人の声の入っていないBGMなどを流すとより集中できます。僕の会社ではフロアの仕切りをできるだけ取り払って、BGMを流していますが、これは環境音が聞こえる状態にしてSEたちの集中を邪魔しないためだったりします。

◆集中力がすごいからこそ電話が嫌い

一方で集中力がある分、それを中断されることをSEは極端に嫌います。

SEの集中を一番邪魔するのが同期型コミュニケーションツール＝電話です。

自動車で言うとエンジンを切られた状態になるので、もう一度エンジンをかけ直すのにものすごいエネルギーが必要になるのです。

例えば、あなたが数学の計算をしているときにスマートフォンのコール音が鳴ると嫌ではないですか？　とりあえず、計算が終わってからにしてほしかったりするはずです。それと同じです。

◆SEの集中を妨げない2つの方法

これを避ける方法は至ってシンプルです。

まず、電話をやめること。伝えたいことがある場合は非同期型のメッセージツール（弊社の場合はGoogleチャット）にメッセージを送っておいて、そのSEが返事できるタイミングに任せることです。

もう1つは、そのことを踏まえた上でのスケジュールをあらかじめ切っておくこと。例えば15時になったら進捗ミーティングをすることをあらかじめ設定しておけば、SEはそこに向かって集中して仕事をするで、中断とは感じません。

◆どうしてもカットインしないといけないときは？

とはいっても、どうしても緊急で作業に中断させて、何かを伝えないといけないことはあったりします。例えば、イレギュラーが発生して今やっている作業を切り替えてもらわないといけないときなどです。それによって納期に影響が出たりするので、結構シャレにならなかったりします。

そんなときは無理にでもカットインしなければいけません。気を使ったり臆したりして放置した結果、

「なんで昨日言ってくれなかったの？」

「入りづらかったもので……」

「いやいや、1日分ムダになっちゃったじゃん（バカかよ）」

ということになってしまうからです。SEは効率を重視するので、できるだけムダを省きたいのです。

カットインするために必要なのは「あえて空気を読まない勇気」です。集中しているSEからは〝話しかけるなオーラ〟がすごいとは思いますが、「空気って何？」くらいの図

太さでカットインしていきましょう。

SEはクソ真面目でシャレが通じない

僕の会社に応募してくる人も含めてなのですが、ＳＥになろうという人は基本的に真面目な性格をしています。クソ真面目と言ってもいいくらいです。そのことを本人も自覚しています。

集中力がすごいことに加えて、何かを突き詰める気質も持っているので、シャレやアドリブが利かない、〝あそび〟の少ない性格だと思ってもらうといいでしょう。

例えば、技術に関してちょっとした質問をしたとすると、こちらが忘れた頃に「先日のあれ、自分なりに調べてまとめてみました」と資料ファイルの形で出てきたりします。こちらは軽い気持ちで出したアイデアが本格的にアウトプットされるので「マジか！」と驚くこともあるのですが、基本的に彼らは突き詰めることが好きで、さらに常に最新テクノロジーに触れながら知識欲が旺盛なので、苦痛には感じないのです。

なぜ、このようなアプローチになってしまうかというと、すでにお伝えしたことに加えて、ＳＥはロジカルで理論をもとに結論まで持って行く会話を基本的にするので、冗談が入り込む余地がなく、それによって相手の言動を真っすぐ受け取ってしまうのです。

この理論的な頭は仕事において大変重宝するのですが、同時にネガティブな思考法になってしまう側面も併せ持っています。

ものすごくリアリストで、物事を「現実的にどうか?」という視点でとらえるため、プラス発想でアイデアを広げていくよりは、ついネガティブに考えてしまうのです。

頭の中が0と1で構成されているSEにとって「とりあえず、80%くらいのたたき台でやってみて」では作業が始まらず、始めても不確定な部分——20%の遊びの部分で詰まってしまいます。

これは仕事にも紐づいていて、結局、システム開発では100%の完成品を求められるため、その癖を身につけた代償として「とりあえず」の調節機能が壊れてしまっているのです。

ただ正直、こういうところはめんどくさいけど可愛いところだと思います。

SEは〝ドS〟で〝ドM〟のサムライである

まっ間に合うのか…
いや絶対に
間に合わせないと…
ブツ
ブツ
ブツ
Aく〜ん
この名簿の入力
頼んでいい?
カタ
カタ
カタ
いや…でも
今…別の企画
やってて…
あーいいよ
明後日ぐらいまでに
やってくれたら
あ…明後日
なら…ハイ…
ちょっと先輩!
Aくんもう2日も家に
帰れてないんです
可哀想ですよ
え!そうだっけ
ごめんごめん
別の人に頼むよ
ばっ
いえ!!やるって
言ったんですから
やります!!
いや無理しなくて
いいんだよ!?
これボクの
仕事ですから!

主君ために身を捧げ、命を賭して忠義を遂行する――と言えば、サムライの武士道を思い出すかもしれません。

ちょっと言い過ぎかもしれませんが、僕は、ＳＥにはサムライ気質なところがあると思っています。非常にドＳでドＭなのです（決して、サムライがそうだという意味ではあ

りません）。

何かを突き詰める際に、自分を追い込んで追い込んで集中力を発揮するという、とても自分に厳しくドSなところがある半面、指示のない状態では何をすればいいかがわからず、上からの指示を求め、指示されたことをやるのが大好きなドMなところもあるのがSEという生き物です。

ドSでドMというと、矛盾していると思うかもしれません。

その通りです。SEは矛盾しています。

SEの人間としての特性については次章で詳しくお伝えしますが、例えば、あるSEの仕事において、次のようなシチュエーションがあったとします。

・ある案件を任されたSEがいる。
・彼にはある案件を、ある期日までに仕上げないといけないミッションがある。
・担当できるSEは他にもいるけど、彼は自分で仕上げたい思いがある。
・でも、自分がやるとなると無理をしないと期日に間に合わない可能性がある。
・しかも、必ず彼が仕上げなければいけないわけではない（人に振ってスムーズに回してもかまわない)。

そのSEが選ぶ道は「自分でやる」です。

そのときに「仕方がない。僕がやるしかないですよね」と、自分の中での矛盾を自虐的にあきらめた「仕方がない」という言葉に換えて表現するのです。

このようなシチュエーションは決して珍しいものではなく、僕が社員から相談を受けるときでもよくあるケースです。

僕としてはあまり無理をさせたくないので、部分的に誰かに振って手伝ってもらうか、クライアントに期日を変えてもらうなどの調整をアドバイスしますが、「そんなことしていいんですか?」「クライアントに言っても仕方がないでしょう」と彼は結局、自分で抱えこんでドM的に自己犠牲の道を選ぶのです。

しかも面白いのは、僕から見ると、彼はそんな環境の自分を喜んでいる節があることです。それがSEとしての美徳だと思っているのです。クライアント＝お殿様の命に自分を痛めつけてでも奉仕するその姿が、僕にはまるでサムライのように映ります。

仕事に対する責任感や忠誠心（コミットメント）が極めて強いからだとは思いますが、これはもしかすると、日本人の中にまだ武士の魂が残っていて、その気質が強めな人が進んでSEになっているんじゃないか、と思うくらいです。

現代のサムライは、実はIT業界にいたのです。

SEには「エンジニア人格」がある

IT業界のサムライとして忠義を尽くして仕事をする存在でありながら、クライアントと対等な立場で仕事をする。そんな矛盾した存在のSEですが、SE社会においては、完全実力実績主義でもあります。

この部分も、SEが抱えている矛盾の1つかもしれません。

人間にイケメンとそうでない人がいるように、SEの社会でもイケてるSEとそうでないSEが存在します。

その基準となるのが「実力」と「実績」です。学歴は関係ありません。一例として次のようなものが、それにあたります。

- **過去に何をやってきて、何ができるか**
- **どんなものを作ってきたか**
- **どんなプロジェクトに関わり、どんな規模の仕事をしてきたか**
- **どんな知識を持っているか**
- **どんなテクノロジーを使ったことがあるか**
- **何人のチームを持ったか（何名くらいのマネジメントをしたか）**
- **チーム内でどんな役割を果たしたか**
- **特殊な業務知識や経験（金融業界など）があるか**

年齢、性別、人種を問わず、これらが上であるほど「上の人」として見られます。ストレートな言い方をすると「使えるか、使えないか」。役職での上下関係があまり気にされないのと裏腹に、実力や実績でエンジニア人格が決まるのです。

逆に言うと、役職についているSEは「それなりの実力や実績を兼ね備えている人」と言い換えることもできます。

逆に実力・実績がないのに役職についていたりすると、他のSEから「どうしてあの人が上長なんですか？」「どうしてあの人と僕が同じマネジメント職なんですか？」という不満の声が挙がります。

過去に経験則を持っているからこそ、フリーランス意識の高いSEたちを束ねられる。この辺りは、人間でありながらまるで野生動物のようだと感じます。狼の群れを束ねるには大狼でないといけないのと同じです。

SEはIT業界用語を学ばない人がストレス

「あご＝食費」「あし＝交通費」「てっぺん＝深夜0時」「F1層＝20歳〜34歳までの女性」「わらう＝片づける」など、映像業界には意味を知らないと対応できない業界用語が存在します。

それと同じように、ＳＥ業界でも業界用語が存在します。

「ＤＢ＝データベース」「ＯＳ＝オペレーティング・システム」「ＦＷ＝フレームワーク」「ＱＣＤ＝クオリティ・コスト・デリバリー」「フロー＝フローチャート」「インフラ＝基盤。ソフトウェアを乗せる土台となる環境」など、単に短縮したものだけでなく、フローやインフラなどの一般的な意味とは異なる業界用語も存在します。

しかもＳＥは、このＩＴ業界用語を相手の理解を気にせず多用します。

これは粋がっているわけではなく、できるだけ短縮して説明をしたいからです。

そもそもシステム開発では相手に説明する情報量が多いので、共通認識できる単語はショートカットしたいのです。ちなみに、ＩＴ業界用語を駆使してスマートに説明できる自分にプライドを持っていたりもします。

ＳＥ同士であれば、ＩＴ業界用語で会話してもほぼ通じるのですが、あまり知らない方々（多くはクライアント）が相手の場合だと、ＳＥは会話でストレスを感じてしまいます。

僕の過去の経験を少し話すと、仕事で「この機能はDBに入れとくんですけど」という説明をしたときに「出た出た、DB」「本当に（DBって）言うんだ。SEっぽい」と言われて、ちょっとイラっとしました（笑）。

システムを組んでいる頭でいるときに単語レベルのコミュニケーションで詰まってしまうと、思考が分断されてしまってストレスなのです。

一方的にIT業界用語を学べとは言いませんが、結局はシステム開発ではクライアントとSEの双方の理解が必要な部分が多々あります。

SEたちはシステムを作りますが、それがどのように作られているかをクライアント側がわかっていなければ、「希望していたのと違う」という事態になりかねません。

SEは話しながら相手の反応を見る、クライアントは最低限のIT業界用語を知っておく。この双方の歩み寄りが、ストレスのないコミュニケーションを実現すると思います。

SEは一般のビジネス常識を押し付けられるのがストレス

経営者の側から見ると、半分言い訳なのですが、ＳＥは至って真面目にこんなことを言ってのけます。

「これって、僕の仕事ですか?」

思わずイラっとしてしまう一言ですが、スーパースペシャリスト作業者である彼らには、渡すべき仕事と渡すべきではない仕事があります。これももしかすると、一般の企業の〝常識〟とは異なるところかもしれません。

冒頭のようなセリフが出るよくあるパターンとしては、電話です。

SEの集中を妨げる1つある電話を出るように指示すると、SEからは「これって、僕の仕事ですか？」という一言が出てきます。彼らは自分の仕事に集中したくて、相手から「いえ、違いますよ」という返事を期待しているのです。

「下っ端が電話に出る」「新人はお茶を入れる（コピーを取る）」など、日本の企業には昔から続いているビジネスの常識が存在しています。

もちろん、まだ仕事を覚えていない新人には、そのような雑務から少しずつ仕事を覚えていく手順としての考え方はあると思いますが、SEはあくまでスーパースペシャリスト作業者なので、そのような考え方とはそりが合いません。電話に出て効率が落ちるくらいなら、作業に集中させるほうがずっと効率がいいと僕は考えます。

もしも電話に出る必要があるのなら、それはそれで担当者を決めて集約し、必要に応じてカットインすればいいのです。

「でも、そういう雑務をきちんとこなしたほうが出世するのでは？」

そう思うかもしれません。確かに、日本の社会ではその通りです。

ですが、SEは意外と出世欲が希薄です。ドSでドMでありながら草食系なのです。

彼らのパフォーマンスを下げたくないなら、スペシャリストとして扱うことが肝心です。例えば、SEのデスクには内線電話を置かない、といったことです。「デスクに電話を置く＝電話に出ろ」という意味になってしまうので、僕の会社では代表電話しか置いていません。

それだけ彼らには自分の仕事に集中してもらい、高いパフォーマンスと成果を出してもらいたいからです。

プログラムへのこだわりで起こる宗教戦争とは？

スティーブ・ジョブズがこの世に誕生させ、Apple社のフラッグシップ商品として世界中で使われているマッキントッシュ（Ｍａｃ）は、その外観だけでなく、筐体の中身まで美しいプロダクトだと言われています。

もちろん、ユーザーである僕たちには中身は見えません。でもApple社のエンジニアたちはそこまでこだわって設計しています。だからＭａｃファンはあとを絶たないのだと思いますし、１つの正しいプロダクトの在り方だとも思います。

このようなＩＴエンジニアのこだわりは、モノづくりにおいてとても大切なことだとは思いますが、時に面倒な〝宗教戦争〟を引き起こします。

第１章で、システム開発においてプログラミングの領域は10％（リリース後の運用・保守も含めると１％）とお伝えしましたが、それとは裏腹に99％のＳＥはプログラムが大好きです。

「プログラム＝モノづくり」です。モノづくりの嫌いなＳＥはいません。そのくらいスタンダードなものなのです。ＳＥの中には「プログラムはこうあるべき」という「べき論」が存在していて、それはほとんど美的感覚のレベルでこだわられています。

しかも、その美的感覚は、当然ですが人によってそれぞれ違います。

ＳＥにとってプログラムは動いて当たり前。数学で言うなら「解」です。

問題はその「解法」であって、どのような処理でプログラムを組んであるかは１００人のＳＥがいたら１００通りあるのです。

あるＳＥにとっては「短いプログラム」が美しく、あるＳＥにとっては「わかりやすいプログラム」が美しい。この感覚は、それぞれのＳＥが経験の中で培ってきたものによって左右されます。

ですから、宗教戦争と呼ばれるのです。

では、この宗教戦争はいったいどのように決着がつくのか？

答えはシンプル。クライアントの要件を満たすことが正解です。

ＳＥの中には「美しさを優先するためだったら仕様を変えるのは仕方がない」と考える

人もいます。実際に「美しくないのでダメです」と言われたことがありますが、そこで僕は「いや、それはクライアントやユーザーには関係ないから」と切り捨てます。

そんなとき、ＳＥからは必殺のあのセリフが出ます。

「じゃあ、ここだけは〝仕方がない〟ですね……気持ち悪いですけど」

たとえ納品物であってもそこに芸術的満足を求める——ここでもまた、ＳＥは矛盾を抱えていたりします。

ＳＥは能力があっても自信を持てない

フリーランス意識、ＩＴ業界のサムライ、完全実力実績主義……など、さまざまなＳＥの特徴をお伝えしてきましたが、これらのことを踏まえた上で、ＳＥという人種は基本的に自信のない人たちがほとんどです。

ＳＥを目指す人の志望動機の第１位は「スキルアップしたい」です。

スキル＝廃れない何か、確立した技術――要するに〝腕〟をつけたいからこの業界を目指してくる人はかなり多いです。技術を持つことで自分のプライドが確立できると考えているのです。

これは裏を返せば、「SEは自信のない人たち」だということができます。

ちなみに、知識や技術を身につけたとしても自信はつきません。「評価」は目に見えないものだからです。ITエンジニアを図る尺度は存在せず、「これができるからすごい」という定規がないのです。あるのは何となくの感覚で、これでは尺度とは呼べません。

あえてSEをはかる尺度を言うなら、やはり過去の実績のみです。

実績は「スキル」ではありません。僕なりの言い方だと「アビリティ」です。アビリティは「能力」と訳されますが、要するに「自分にできること」です。この累積が長いスパンで自信につながっていくと考えています。

◆スキルやアビリティをＲＰＧで考えたら？

ロールプレイング・ゲームで考えてみましょう。

例えば、あるキャラクターが雷を落とす魔法を使えるとして、この魔法は「スキル」に相当します。ですがＭＰが０だったら、そもそも魔法を撃ち出すことすらできません。あるいは仮にＭＰが10あったとしても魔力が０だったら、スライム１匹すら倒すことはできないでしょう。

RPGであれば、キャラクターのステータス（HPやMPや力や素早さや経験値など）は数字で表示されます。自分のスキルを一覧で確認することができます。

ですが、現実はそんなことはありません。ステータス画面が出ない以上、自分のレベルを確認する術はなく、スキルに自信を求めようがありません。

となると、やはり過去の実績で考えるしかなくなってくるのです。

RPGの例えで続けるなら、「過去にスライムを100匹倒してきた」のなら、その人にはスライムを100匹倒せるだけの能力があることになります。そうやって経験から自分にできることを〝憶測する〟しかないのです。

◆資格を持っていることと「使えるかどうか」は別の話

スキルやアビリティに代わるものとしては「資格」が考えられますが、IT業界にも国家資格とベンダー資格（民間資格）があります。

資格については別章で詳しくお伝えしますが、資格は言ってみれば、運転免許証と一緒です。運転免許を持っていてもペーパードライバーもいれば、レーサー並みのテクニックを持っている人もいます。

それと同じで、資格を持っているからと言って、それが使えるかどうかは別の話なのがこの世界です。SE同士が話をするときに「この人はこのくらいの知識があるんだな」「このくらいの勉強をした（本を読んだ）んだな」くらいのもので、完全実力実績主義社会では、やはり実力や実績がモノを言うのです。


ITの世界は「できないこと」のほうが多い世界です。しかも、その中で1人のSEが関われる物事はほんの一部。この法則は永久に変わりません。

実はすごい能力や集中力を持っていながら、いつまで経っても自分に自信を持てない。そんな矛盾を抱えているのもSEなのです。

SEは発信したいけど人前には出たくない

自信を持てないSEが、自信を持つためにやろうとしていることがあります。

それは「何かを発信すること」です。

自分が先頭に立ってチームを仕切ったり、プロジェクトを好きなようにリードしてみたり……といった、自分発信で物事を動かすことで自信につながると考えるためです。

ただ、ここにも矛盾があるのですが、その「やりたいこと」を自分が率先してやる役割ではない、とも考えています。あくまでも自分は誰かの指示で動いたり、管理のもとで力を発揮する仕事だと、暗黙知的に考えているのです。

結果、なかなか行動に移せない、行動に移るまでにやたらと時間がかかるのがSEです。これはあくまでも〝自発的に〟という前提がつきます。

SEが行動に移すためには、ある程度の結論が見えてからでないと動けません。「走りながら考える」というビジネスの考え方もありますが、それができない、もしくはめちゃめちゃ下手です。

もちろん、中には「僕は行動的です」と言うSEもいます。

ですがそれも、「やってみなきゃわからない」の感性で動いるのではなく、誰かから「こういう風にしたほうがいいんじゃない?」と言われ、さらにそこに論拠ができると動くのです。「●●さんにアドバイスされて、自分的にも目処が立ったから動く」というのは、自分の行動を正当化する理屈があるから動いているだけです。

多くの人がそうだとは思いますが、ＳＥは特にそれが強いと僕は思っています。

しかも、その裏には「何かを発信したい」「でも、自分はそういう役割じゃない」という裏腹の矛盾が含まれているのです。

Chapter 4

SEという人間
～超優秀だけど〝玉に瑕〟な人々～

ズラァ
ええ 気に入ったので自分で買い揃えました！
うわっ
全シリーズ買ってる…

ここまで読み進めていただいて、異世界の住人のように感じた人もいるかもしれません。ですが、ＳＥも人間です。

彼らがどのような気質や習性を持っていて、どのような形でコミュニケーションを取ると円滑になるか、優秀だけど人間として〝玉に瑕〟な部分もあるＳＥの人間性を本章では探っていきます。

朝の「おはよう！」で機嫌が良くなる

人間のコミュニケーションの基本と言えば、やはり「挨拶」でしょう。

でもSEは、この挨拶が苦手です。基本的に他人に対する興味が薄い、人に関与することを極端に嫌う、自分から発信するのが苦手（でも、心の中ではしたい）、というSEの気質がこの背景にはあると僕は思っています。

例えばあるとき、僕の会社の事務の女性が髪型を変えていました。そこで僕は「髪型変えたね。いいじゃん」と声をかけたのですが、そのときの彼女の返事は「津田さんにしかそんなこと言ってもらえません」でした。

これは、他のSEたちが彼女の髪型の変化に気づいていない可能性もあるのですが、同時に気づいていても「言わないほうがいい（そっとしておいたほうがいい）」という彼らの気質が見事に表現された好例だと思います。

果たして、SEたちは挨拶したくないのか？

もちろん、そんなことはありません。彼らは挨拶をしたいのです。でも、自分からは行けない。そこにはもう1つ、彼らが基本的に〝戦闘モード〟で仕事場に来ていて、不機嫌なことが少なくない理由もあります。「仕事スイッチが入っているだろうから、声をかけないほうがいい」という考え方が癖になっているのです。

そんな彼らと円滑なコミュニケーションをスタートさせるには、こちらから挨拶をするのが解決策です。

挨拶のポイントは3つ。

「名前を呼ぶ」「相手のトーンに合わせる」「1トピック入れる」です。

特に相手のトーンを考えず、こちらが元気キャラだからと元気いっぱいで行くと、SEは引いてしまいます。SEには物静かなタイプが多いです。

そして、何か意味のある1トピックを入れるのがコツです。「天気がいいね」などではダメです。「昨日の（仕事の）あれ、どうなった?」や「●●っていう雑誌の記事見た?」など、SE側の興味にフックするような1トピックを入れて挨拶をすると、SEは見事に食いついて来てくれます。

挨拶の3つのポイントを活かして、円滑なコミュニケーションをスタートさせてください。

ＳＥはヒーロー気質を持っている

「たった1つの命を捨てて、生まれ変わった不死身の身体。
鉄の悪魔を叩いて砕く。キャシャーンがやらねば誰がやる！」

これは今から50年近く前にタツノコプロが制作したアニメ『新造人間キャシャーン』の有名なキャッチフレーズです。アニメや実写映画でリメイクをされているので、もしかすると知っている人もいるかもしれません（原作の本放送は僕が生まれた１９７３年10月です。幼稚園のときのお弁当箱がキャシャーンだったことを覚えています）。

第3章でＳＥはＩＴ業界のサムライだとお伝えしましたが、彼らはサムライであると同時に、強い使命感を持ったヒーロー的な気質も持っています。

システム開発には期限があります。何があってもその期日までに製品をリリースさせるのがＳＥのミッションです。ゆえに「仕方がないですね」になることもあるのですが、同時に彼らは「自分がやらなきゃ誰がやる」の心も持っているのです。

時には寝る間も惜しんで長時間労働で何かを突き詰めていることもありますし、ゾーンに入ったら食事もカロリーメイトなどで済ませて集中してタスクをこなします。ランチに何を食べたかを覚えていないことすらよくあります。

僕の会社のコーポレートキャラクターに「あくろびっと」というのがいます。

一見するとウサギっぽく見えますが、ピンと長く尖った両耳は情報に敏感なアンテナをイメージしていて、赤いマフラーはまさしくヒーローの証（最近の仮面ライダーは赤いマフラーを巻いてませんが、昔は巻いていたのです）、赤い瞳は寝不足の印です。

ＳＥは誰もがヒーローになろうとしている節があるのです。

ただ、あまりに使命感を持ってタスクをこなそうとするため、それ以外の部分はおろそかになりがちなところが玉に瑕です。

先述の食事に無頓着なことはだけでなく、服装に特にこだわりを持たなかったり、寝る場所にこだわらない（昔は会社の床に寝袋で寝ている人もいました（笑））。最新テクノロジーを敏感に察知している代わりに、衣食住や世間一般の流行には疎いところがあるのです。

寝てない自慢も多く、ＳＥ同士の会話で「俺、昨日3時間しか寝てない」と言うのもよくあり、僕は心配になりますが、仕事を通してそのようなところを楽しんでいるところがあり、やはりそれだけの意欲や熱意で仕事をするＳＥのほうが成功しやすいので、一概にはダメだと言い切れないところがあります。

SEに「食えば？」「休めば？」「寝れば？」は禁句

今となっては僕も経営者ですので、会社で働く従業員であるSEたちの仕事の成果も大事ですが、健康に対しても心配のウェイトを大きく置いています。

SEは体調不良が日常茶飯事なので、せめて健康的に仕事に邁進してもらおうと声をかけますが、彼らに「食えば？」「休めば？」「寝れば？」と声がけをしても基本的には聞いてもらえません。というか、むしろ逆効果です。

「仕事を振ったのはそっちなのに『休め』ってどういうことですか？」

「寝てほしいなら、このプロジェクト進捗を何とかしてくださいよ」

「ご飯に連れて行ってくれるのはいいですけど、間に合わなくてもいいんですか？」

言葉にする／しないに関わらず、そのような反発が彼らの中では起こります。

時間の有効活用＝作業効率を基準に置いて、そこから外れるものは簡略化する傾向が強いのです。


ですが、健康はやはり大事です。栄養も休憩も睡眠も摂らずにいると時間はたくさん使えてもむしろパフォーマンスは下がるので、結果的に非効率です。

そんなとき、僕はこういう言い方で伝えるようにしています。

「コンビニ弁当ばっかりで調子悪くならない？」

「野菜を食べないと、体がどうなるかわかるかな？」

「体調管理のために7時間は寝るようにしようね」

「仕事に集中しすぎて睡眠への意識が下がってないか？」

「今度の休みは家族とどこかへ行ってリフレッシュしてきたら?」

単に「食べなさい」「休みなさい」と〝作業の観点〟で言うのではなく、仕事の縛りを外して事実を論理的に伝えてあげると、SEたちとは驚くほど対話が成立します。

SEはツンデレである

日常ではツンとしているのに、2人きりになるとデレっとする——いわゆる「ツンデレ」な要素もSEにはあります。

どんなときにそれを発揮するかというと、頼られたときです。SEは誰かに頼られるのがとても大好きなのです。

僕の会社ではSEを単にスーパーITエンジニアに成長させるだけでなく、40歳以降の人生設計を加味したキャリアプランを考えた会社運営をしています。

そんなときに、SEたちと面談をすることがあるのですが、「君は、将来はどうなりたいの？」と質問すると「人に教えられるくらいのレベルになりたい」という答えが返ってくることが多いです。

経験を積んで、誰かに頼られて、役に立ちたい気持ちがあるのです。


ただ、これだけでは終わらないのがＳＥの面白いところです。

彼らはツンデレなので、頼られるのが大好きでたまらないのに、こちらが頼ると素直に頼られてはくれません。

技術についての質問をすると「え～、そんなのもわからないんですか～？」「あれ～？この前、話しませんでしたっけ？」といった、めんどくさい〝焦らし〟が標準装備でついてくるのです。

実例としては、僕が「この件、僕じゃわからないから教えてくれる？」と言うと、「今、時間ないですけど、いいですよ」「納期が大変なんですよね～。でも5分くらいだったら、仕方ないからいいですよ」と答えたり。

思わず「どっちやねん」とツッコんでしまいたくなります。

ただ、これにイラっとしてはいけません。数回に1回はガツンと「それが君の仕事でしょ?」と言ってもいいですが（それで途端に素直になります）、彼らはツンの部分に威厳や存在意義を感じているので、基本的にはうまく頼る方向で考えてください。

直接表現のできない、奥ゆかしい人たちだと思うといいでしょう。

SEとクライアントをつなぐ「ホワイトボード・コミュニケーション」

第2章で、SEはクライアントのメルヘンな世界を聞いて「仕様」に落とし込む、という話をしました。

これは対面の仕様決定会議で行われるのですが（今のところリモート化不可の世界です）、会議でSEとクライアントをつないでくれるのが、ホワイトボードを使ったコミュニケーションです。

頭の中を見せ合うには、ぜひこれを活用してみてください。

当たり前ですが、人間の頭の中はそれぞれ違います。100人いれば100通りの考え方があります。「いい感じ」という言葉の定義が人によって違うことは、すでにお伝えしました。

それと同じように、クライアントの要望をシステムに落とし込んだときに、SEたちの頭の中にあるプログラムのイメージはバラバラだったりします。

プログラムとは、シナリオのようなものです。

例えば、「勇者が魔王を倒して姫を救い、世界が平和になる」という物語のシナリオです。ただ、システム開発において絶対的に違うのは、いくつもの並行世界が存在している、ということです。

魔王を倒して平和になる世界の隣には、「勇者が魔王の誘惑に負けて世界の半分をもらう」というシナリオがあったりします。

また、魔王を倒すシナリオでも、方法が異なって「伝説の剣を手に入れて魔王を倒す」こともあれば、「伝説の剣は手に入れられなかったけど最強の魔法を手に入れて倒す」という方法があったりするのです。

このように、とても多次元的で超立体的に組み上がっているシステム開発の仕様は、とても言葉や文章だけでは伝えきれません。

ＳＥが部分的に「この部分はこのプログラムでいいですか？」とクローズ質問（ＹＥＳかＮＯかの質問）をして、クライアントが想像もできずに答えられない、という場面は会議ではよくあります。

ですから、ホワイトボードを使うのです。ＳＥ側がホワイトボードに頭の中を表現したとき、理解できなければ、クライアント側も自分の頭の中をホワイトボードに描き出してイメージのすり合わせをすればいいのです。

ホワイトボード・コミュニケーションは頭の中の見せ合いっこです。お互いのイメージを最適化できたり、気づいていなかった矛盾や、具体化が甘かったところがあったりと、さまざまな発見があるので、とてもおすすめしています。

SEの話は蛇足が9割

さまざまな会議において、ＳＥは長い会議が嫌いです。でも、本人の話は長いです。必然的に、会議は長くなってしまいます。

その理由は、彼らが最初に理由を並べて話し始めるからです。

話の説得力を高め、時間短縮を実現する方法として「結論ファースト」というものがあります。結論→理由→事例→結論の順で話をするやり方ですが、SEの多くは「理由→自慢→結論」の順で話します。

理由から話を始める場合、多くが「できない」という結論に持って行きたいからです。ただ、SEは「できない」と言うことができない習性を持っています。

「できない」は、技術的な部分や自信がないからでもありますが、どちらにせよ、基本的に自信のないSEにとって「できない＝無能である」ことになってしまい、知識や技術を培ってきたものとしてのプライドが邪魔をするのです。

できない自分を認めないために、外的要因の説明から始めるのです。

さらに、自慢を入れてくるのは、自分の過去の知識や経験を伝えたいからです。

SEは完全なリアリストなので、「できるかも」では動けません。過去にかなり近いことをしていて今回もできる自信がある、もしくは過去にうまく行かなかったような場合に、自分の過去の経験をベースとして話をするのです。

ただそのときに、ちょっと自慢話風になってしまうのは、自分に自信をつけたい、ここに関しては自信があることを伝えたい、ちょっと可愛らしい習性だと思います。

とはいえ、聞いている側からするとなるべくムダ話は聞きたくないと思うので、そこはうまくファシリテーションが必要です。

僕なんかはＳＥの話を止めて「結局、ＹＥＳかＮＯかどっち？　そこから話してもらえるかな」「つまり、こういうことが言いたいのかな？」と結論を急いでしまいます（僕も結論ファーストなので）。

ただ、それが難しい場合もあると思うので、ある程度話をさせたら止めて、「先に結論をもらってもいいですか？」とソフトに軌道修正を行いましょう。

“ＳＥは技術論で話をする完全なリアリスト”

話の長いＳＥの基本文脈は「今の技術で実現できるかどうか」の技術論です。

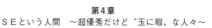

これは玉に瑕なところなのですが、自分の作りたいものや「こんなものがあればいいな」より、実現できるかどうかで考えてしまうのです。

ただ、これは仕方がないことでもあります。

欠陥のないものに常にチャレンジし続けているSEにとっては『できる』と言ったことが実現できない」が、最も嫌だからです。特にそういうシチュエーションでは、「できるって言ったじゃん」と圧力をかけられてしまうので、それが苦痛で仕方がありません。

システム開発では、クライアントの要望を技術で実現します。

技術の世界は、理論上は可能でも実際に機能するかどうかはわからない世界です。

そして、SEはその技術の世界のスペシャリストです。

ですから、できないものに対して「できる」と言えないリアリストであり、技術に関して「できませんでした」と言いたくないSEからは、「技術的には可能ですが、実際に動かしたときに要望通りの機能や性能を発揮するかはやってみないとわかりません」としか答えられないのです。

ただ、管理側やクライアントからすると「できるかどうか」を知りたいと思います。

常にテクノロジーが進歩しているITの世界においてすべてを知っている人は存在しませんから、この溝は永久に埋まらないものなのかもしれません。

この溝をできる限り埋めて、うまく仕事を進めていくには、まずSE側の話を一旦聞いた上で、「そこは一緒に取り組みましょう」という結論に持って行くことです。要するに「トライすること」に話を持って行くのです。

それでもSE側からは「トライしても、できるかどうかはわかりませんよ?」と返事が来ます。そこは「うん、でもトライだから」をくり返し、どうトライするかの話をしていくのです。

課題を共有し、トライするスタイルで一緒に進めていくとSEは安心します。責任感の強いSEはプレッシャーを感じやすいので、それを取り払ってあげるスタンスで接しましょう。

SEは奥さんの愚痴が「要求仕様」に聞こえる

ここまでの話の流れでもう察しがついていると思いますが、ＳＥは自分の話を聞いてくれる人に心を開きます。仕事では技術的な話をしますが、彼らも人間ですから、それ以外の話をしてコミュニケーションを取りたいと思っています。

ただ、ここがサムライであり、ヒーロー気質であり、奥ゆかしいところなのですが、自分から心を開くことができません。技術理論武装という鎧を着て何とか自分に自信をつけようとして（でも、持てないのですが）なんとか人とのコミュニケーションをはかりますが、基本的には不器用で、仕事以外での人との交流がすごく苦手です。

この点が最も顕著に出るのが、夫婦関係です。

意外に思われるかもしれませんが、ＳＥは結婚できている人が多いです。後述しますが、給料が良く、性格も真面目で、お金に関しても堅実なので、夫として選ばれやすいところがあるのかもしれません。

ＳＥは自分以外の物事に対する問題解決能力が非常に高いので、例えば奥さんが困っていることがあったら何とかして真面目に解決しようと試みます。彼らにとっては奥さんの話が「要求仕様」に聞こえてしまうのです。

ですが奥さんからすれば、単に話を聞いてほしいだけのことがほとんどです。

「子どもの学校が大変で……」「そうなんだ、大変だね。俺に何かできることある？」「ううん、聴いてくれてありがとう」で済んだりします。逆に解決しようとされると「あなたは私の話を聞いてくれない！」となりやすいです。

よく聞く話かもしれませんが、ＳＥにはこういう事例が意外と多いのです。

ＳＥのガス抜きをするための３つのポイント

こんな仕事でもプライベートでも、さまざまな悩みを抱えているＳＥと話をするには、定期面談を設けて、悩み相談の場を用意してあげるといいでしょう。

ポイントは、

・１対１で行うこと
・スケジューリングすること
・こちらから開示すること

の３つです。

まず、1対1なのは、内容がセンシティブだったり、相談するのが恥ずかしい（もしくは非常に深刻な）ような内容だったりする可能性もあるので、プライバシーを保証し、内容が外に出ない環境を作るためです。

次に、スケジューリングするのは、定期面談でルーティン化することでSEにとっては悩みを打ち明けることもタスクの1つになるためです。

そして最後の「開示すること」とは、彼らの鎧を脱がせることにつながります。例えば、夫婦関係の悩みであれば「うちではこうやってるけど、君のところはどうなの？」「奥さんの話を解決しようと思って聞いてない？　実は俺も前に同じ失敗をしてさ……」とこちら側から開示することで、彼らも自分の話をしてくれます。

あくまで僕の個人的な見解ですが、SEが人との交流が苦手で、いつまでも自信を持てない状態でいるのは、彼らの過去にトラウマ的なものがあるからだと思います。相談を受けていて、そう感じるのです。

例えば、過去にすごいパワハラを受けて傷ついた経験があったり、仕事でミスをして自尊心を失っていたり、強烈な両親に育てられていたり。

そして、彼らにはそれを相談したり、打ち明けられる友達が少ない。「友達は多いほうです」と言うSEであっても、5人くらいしかいなかったりします。結局、孤独な世界で悩みを自分の中に抱えてしまっているのです。

感情的にならないSEはサンドバッグにされやすい

ここまでを読んでもしもSEに対して同情をしてしまったとしたら、僕からあなたへお願いがあります。少しだけSEに優しくしてあげてください（笑）。

SEは感情的にならない職業ナンバー1です（僕は違いますが）。

個々は他人への興味が薄いこともリンクしますが、ヒーロー気質なのに熱量が低いというか、紳士的というか、あまり他者に関わらないことでコミュニケーションがおろそかになり、会社は意外とシーンとしていたりします。海外の方から「ちょっと不気味」と言われることもあるくらいです。

そんな奥ゆかしく、自分からは前に出ず、あまり感情的にならないSEは、基本的に受け身です。受け身な分、プラスの感情であればまだしも、怒りなどのマイナスな感情をぶつけられると、たちまちサンドバック状態になってしまいます。コールセンターで一方的に怒鳴られるオペレーターたちと同じです。


SEとクライアントの会議で意見が対立することはよくあります。

そんなとき、同じ釜の飯を食う仲間とは言え、やはり予算をかけているクライアント側のほうが、圧が強くなるのが当たり前です。フレンドリーであることはあまりなく、高圧的に意見を通そうとすることのほうが多いです。

SEの中にはキレる人もいなくはないですが、キレてもどうしようもないのでほとんどのSEは「このイレギュラーにどう対処するか」で考えます。まるで川から金を拾うように冷静に1つひとつを判断していくのです。

言葉を発している側からすれば、そんな状況を「言い返してこないから大丈夫だ」と思うかもしれません。ですが、もちろんちゃんと響いていて、言い返せないままどこかで限界が来て、ある日いきなり「僕、辞めます」となります。

ＳＥと物事をうまく進めるときは、ＳＥの言うことを冷静に飲み込むことが大事です。彼らは感情的にならない習性を持っていて、きちんと作るものを決めたいだけ。クライアントの「やりたいこと」を実現したいだけなのです。

ＳＥのその他の癖と習性

ここまでお伝えしてきたことの他にも、細かいレベルでＳＥには癖や習性があります。ぜひ参考にしていただき、円滑のコミュニケーションのヒントにしてもらえればと思います。

◆会議中でも超高速スマホ調査を行う

「会議中（授業中）にスマホを触っていて怒られた」

そんな経験が誰しも一度はあるかもしれません。

ですが、SEの会議においては、スマートフォンを触ったり、議事録係でもないのにパソコンをタイプして文句を言われることは、まずありません。むしろ、「わからないことがあれば、その場で調べてついてこい」の世界です。

一般的なビジネスマナーより、効率を重視して生産性を上げるＳＥの世界だからこそ、の出来事なのかもしれません。

ただ、時にこれが行き過ぎることがあります。

相手が自分のことを話しているにもかかわらず、スマートフォンやパソコンに目を向けているときです。もちろん、これはＮＧ。こういうところに気づかないのがＳＥの玉に瑕なところでもあります。

ですが、効率を重視するなら、相手が何かを語っていたり、個人に対してメッセージを送っているときは、相手の目を見てしっかり聴く方が、得るべきものがきちんと得られてむしろ効率的だと思います。

この辺りまで突き詰めて効率化を考えられることは、ＳＥ側の課題でもあると思っています。

◆3倍速で映画を見る

「結論ファースト」の話でもありましたが、ＳＥは情報を発信する場合は長いですが、情報を受け取る側になると結論を先に求めます。その良い例が、映画や推理小説の見方です。

例えば映画は2～3倍速くらいで観ます。2時間の映画を40～60分で観てしまうわけです。推理小説も、先に犯人を先に知って、興味が湧けば最初から読みます。犯人がわかるプロセスが何となくわかり、真犯人がわかればいいのです。

他にも、野球は23時からのスポーツニュースのハイライトで充分。野球好きには許せないかもしれませんが。

さらに、2時間ドラマを流しながらマンガを読んだり、ゲームをしたりします。

「そんなので面白いの?」と思うかもしれません。

それでも充分に面白いのです。3倍速でもちゃんとプロセスがあれば楽しめますし、犯人がわかっている状態で戻っても、「なるほどね!」という快感を得られます。野球も、ハイライトか最終回で試合を観戦した気になれます。

仕事でもプライベートでも効率を重視するSEにとっては、ダラダラとした長い話をされるより、最初に結論がほしい。結論を聞いた上での詳細でいいのです。

◆ゲームで脳を休める

孤独な世界で悩みを抱えるSEですが、とはいってもストレスを解消しないわけではありません。

彼らのストレス解消の方法は、ゲームです。育成ゲームやRPGやシミュレーションゲームやパズルのような、論理立てて物事を進めるゲームが大好きです。

そもそもの頭の中がロジカルなので、ストレス発散もまたロジカルを好むのです。

逆に、アクションゲームやシューティングのような爽快感を得られるものは好みません。また、オープンワールド系の「何をやってもOK」なゲームも、何をしていいのかわからないため手を出しません。SEには目的やルールが必要なのです。

僕もプログラマーだった頃はシミュレーションゲームが好きで、フロッピーディスク版の『三国志』をやっていたりしました。

今となってはゲームをすることはありませんが、社員たちはエアロバイクを漕ぎながらスマートフォンでソーシャルゲーム（ソーシャルゲームには育成＋パズル要素が入っています）をして脳と体のリフレッシュを同時にやったり、月1回の全体会議のあとにアイテムの交換をしたりして、コミュニケーションを取っています。一時期、『モンスターストライク』を会社公認の企画として、全社的にモンストをやった時期もありました。

◆誰がために自らの苦労をいとわない

効率重視なのに育成ゲームやシミュレーションなどの時間のかかるゲームが好き。

そんな矛盾しているようにも思える背景には、「熱中できるならムダなことでもやりたい」という習性があります。クリアするのに何十〜何百時間もかかるようなゲームを休みの日にやるのは、熱中できる＝楽しいからなのです。

これは仕事においても同じで、最新技術をいち早く取り入れて楽をしたいと思いながら、最新技術を取り入れるときに発生する労力では楽をせず、むしろ苦労したい。セットアップを調べたり、試行錯誤をしながら最新技術を取り入れていこうとします。

「これができるようになったら楽になるよね」

そんなことを口にしたりもしますが、実際の結果がその苦労に見合うものかどうかはわかりません。また、結果的に楽をするのは自分ではなく、その次の誰かだったりすることもあります。

でも、それでいいと考えられるのがSEです。

例えば、インターネットを検索してみれば、どこかの誰かが最新技術を取り込んだログを無料で公開していたりします。ここには「これを使って誰かに楽をしてもらいたい」「自分と同じような躓きを次の人には経験してほしくない」という自己犠牲の精神があります。そのために自分が苦労することをいとわないのです。

そして、そんな傷だらけになった自分が勲章だったりします。

◆コレクター癖《へき》がある

どんなことでも突き詰めてしまうＳＥには、コレクターとしての癖《へき》もあります。

少し前にペットボトルのボトルキャップが流行った頃には、彼らのデスクの上にはズラリとさまざまなキャラクターのボトルキャップが並んでいました。寸分の狂いも許されない世界で生きているため完璧主義なところもあり、それはボトルキャップを全種類コンプリートするところにまで派生するのです。

他にも、SEには何かを保存しておく習性があり、彼らが収集して保存しておく最も最たるものが「情報」です。雑誌や書籍の記事など、いつか来たる日に活かすために準備を欠かしません。

今でこそシステムの仕様書はデータ化して保存、紙は処分するようになりましたが、2000年頃は紙の仕様書はある種の財産でした。

SEの多くが過去に関わったシステムの仕様書を保存していて、デスクの中が大変なことになっていたり。ただ、意外とその中から発見があったり……と役に立つことがあるので無下にはできないのです。

このような意味もあるので、僕の会社には図書館があって、SEの役に立つ本がいろいろと置いてあります。

でも、彼らはそれを持って行きません。

「持って行っていいよ。そのための図書館なんだから」

僕はそう言うのですが、彼らは決して首を縦に振りません。

「役に立ちそうなので、自分で買うから大丈夫です」

他人の本や借りた本では満足できないのか、基本的には古本には手を出さず、図書館にやってきて必要な書籍を見つけて立ち読みするだけで、借りていかないのです。

まるで量販店で家電をチェックして実際に買うのはAmazonだったりする、そんな気分になりますが、やはりそれも、きちんと自分のものとして収集・保存しておきたい彼らの習性なのだと思います。

◆お金を保存しておく癖がある

情報ともう1つ、SEが保存しがちなのがお金——つまり、貯金です。

僕は、SEは営業職に次いで給料がいい職種だと思っています。一人前になったSEなら年収は600万円ほど。20代でもワーキングプアとは無縁の年収をもらっていたりします。

しかも、リーマンショック以降、SEの残業時間はかなり減りました。以前はブラック企業の代表格の1つだったIT業界も、例えば僕の会社では月平均10時間程度。それで年収が600万円前後なのは、いい業界だと思います。

「残業もなくて給料もいいなら、使っちゃうんじゃないの？」

そう思ったかもしれません。でも、違うのです。そこがSEの面白いところです。

彼らは保存癖がある上に数ヶ月〜年単位のプロジェクトに関わる関係で、脳が「長期脳＝長期スパンで物事を考える脳」になっていると僕は思っています。

お金も使う時間もあるのに、やはり来るべき日に備えて保存し、ムダ使いをしない。アラサーのSEたちの中には、数百万円の貯金を持っていたりする人も少なくありません。一人前で年収600万円のSEであれば、もっと貯まっているでしょう。

ですから、借金をすることもほぼないと思います。

使い方が計画的なため無理に借金をすることもなく、そもそも借金そのものが嫌いだったり、嫌いが転じてクレジットカードを持たない（支払いを先送りにしたくない）SEも意外と多いです（代わりに電子マネーなどは流行に先んじて導入していたりします）。

SEの貯蓄型の習性は、何が起こるかわからない今の時代に合っている思考法だと思います。

SEの理想は「PC1台でどこでも仕事ができる」

本章を通して、SEのさまざまな側面をご覧いただけたと思います。

常にプレッシャーとスケジュールの中で試行錯誤をくり返し、矛盾を抱え、自分と戦いながらシステム開発を行うSEたち。

そんな彼らが理想とする姿は、パソコン1つで世界のどこからでも仕事をしている自分自身の姿です。彼らの試行錯誤や最新技術を使った突き詰めは、いつかはそこへつながるであろう道のマイルストーンなのです。


では、この理想の姿は実現可能なのでしょうか？

「無理ではない」というのが僕の答えです。

SEの仕事はコンピューターに処理をさせる仕事がとても多いです。その他には、クライアントや仲間たちとのコミュニケーションや関係構築があります。

2020年1月からの新型コロナウィルスの世界的なパンデミックで、日本でもリモートワークの意識が普及しました。それに伴って、これまでのリアルコミュニケーションでの業務のムダや、生産性向上を阻害している要因が、少しずつですが明るみになっていると思います。

僕たち日本人がこの気づきをムダにせず、うまくリモートとリアルを使い分けながら仕事を再構築していけば、SEが理想とする「どこにいてもパソコン1つで仕事ができる世界」は実現するかもしれません。

僕も含めたITエンジニアたちは、すでにこの活動を始めています。

僕の会社では10年前から全社的にクラウドを導入し、物理サーバを持たないようにしたり、「Googleチャットなどのメッセージツール使用――要するにリモートワークのリテラシーを高めて、仕事の9割をメッセージツールでコミュニケーションできる体制を整えています。

ただ、これはあくまでもごく一部の会社で実現していることで、日本中の会社でそうなっているとは思いません。事実、リモートワーク化で業務効率が落ちた声をよく聞きます。これは一般の企業だけではなく、ＩＴベンダーでも電話が鳴りやまない会社は決して少なくありません。

ウィズコロナ時代の世界を生き抜き、ＳＥだけでなく多くのビジネスでリモートワークを加味しながら生産性を上げていくには、ＩＴ化も大事ですが、メッセージのやり取りにパラダイムシフトを起こさないといけません。

もちろん、対面でクライアントと話をしたり、電話によるやり取りが不要だとは言いません。僕たちSEも、クライアントと仕様を詰めていく際には絶対に対面での会議が必要です。

ですが、それ以外の部分——メッセージの書き方、共通言語、質問の仕方や確認方法、情報の出し方などをきちんと整えています。リモートワークのリテラシーを上げていけば、「どこにいてもパソコン1つで仕事ができる世界」は、すべての業種でとは言いませんが、実現可能なのです。

Chapter 5

SEになるメリット

～超スマート社会に必要な職業～

顧客のリピート率が
高い業種だから
安定して働けるし
在宅でできる
仕事もある！
大手企業との繋がり
タレント進出
フレックス
高給
やりがい!
IT化が年々
進んでいて
需要の高い
職業なのだ!!

ここまでは、システム開発の流れやＳＥの仕事観や人間性をお伝えし、ＳＥのことを知りたい人、ビジネスで活用を考えている人、これから自社のＩＴ化を考えている人の何かのヒントになればと思って解説をしてきました。

本章からは、これからＳＥになりたい人のために、ＳＥという職業に就くことのメリットや、これからＳＥになるにはどうすればいいか、などさまざまな疑問を余すところなくお伝えしていきたいと思います。

ただ、いきなりＳＥになろうと思っても、どのような手順を踏めばいいかは知らないところも多いかと思います。そこでまずは、ＳＥになることでどんなメリットがあるかについて解説していきましょう。

SEの仕事はなくならない（むしろ増える）

内閣府が科学技術政策として掲げる「Society 5.0」の日本において、多数のSEが不足する、と言われています。

Society 5.0は「超スマート社会」とも呼ばれ、サイバー空間（仮想空間）とフィジカル空間（現実空間）を高度に融合させたシステムにより、経済発展と社会的課題の解決を両立する人間中心の社会のことを指します。難しい文面かもしれませんが、そこには確実にＩＴが存在していることは感じ取れると思います。

つまり、これからの企業は否応なくＩＴ化をしていかなければいけない。ＩＴ化から取り残されたら淘汰される時代がやってくる、ということです。

そして、ＩＴ化の裏側にはＳＥの存在があります。

ですが、その数が足りない。２０３０年には55万人も不足するとも言われています（日本経済新聞２０１９年４月23日の電子版記事『先端ＩＴ人材55万人不足の恐れ　２０３０年、経産省試算』より）。

ＩＴ業界は成長産業です。技術が日進月歩であることはお伝えしてきました。

ですが、人の成長はそうはいきません。そもそも現時点でＳＥの絶対数がそれほど多くないこともありますが、ＩＴエンジニアの成功速度と技術の進歩が釣り合っていない――つまり、ＳＥの成長のスピードが追いつかず、需要と供給のバランスで供給側が追いつかないことが目に見えているのです。

一見すると、この状況は危機に見えるかもしれません。

ですが僕には、むしろチャンスに映っています。ＳＥにとっては仕事がゴロゴロある世界になるからです。

新型コロナウィルスや、かねてからのＡＩ（Artificial Intelligence）によって多くの人の仕事がなくなると言われてきましたが、はっきり言ってＳＥは〝多くの人〟の中には入っていません。

先述の通り、需要と供給のバランスが取れていない世界がすぐ目の前に迫っていること、そして、そこで優秀なＳＥになることは、仕事を失うどころか、むしろさまざまな場所で重宝される存在になるからです。

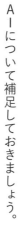

ＡＩ社会を恐れる必要がない3つの理由

ＡＩについて補足しておきましょう。

2029年、核戦争後の地球は人工知能「スカイネット」によって支配され、人類は絶滅の危機を迎えていたが、人類側のレジスタンス指導者ジョン・コナーの反撃によって、人類の勝利は目前に迫っていた――これは1984年に公開された映画『ターミネーター』の冒頭部分のプロットです。

ＡＩという言葉を聞いたとき、僕たち世代の多くがこのイメージを思い出します。人工知能＝ＡＩによって人類が支配される世界です。

ですが、はっきり言ってしまうと、この世界は３つの理由からやってきません。

◆今のＡＩはただの進歩した機械学習である

まず、今、僕たちがＡＩと認識しているものは実はＡＩではないからです。

例えばiPhoneのSiriだったり、Amazonのシステムの中に入っているＡＩらしきものは、実は「機械学習」と呼ばれるもので、データからルールやパターンを発見する方法のことを指します。

ネットワークとクラウドのおかげで処理スピードは目覚ましく進歩しましたが、あくまでも「統計をもとにデータを処理するアルゴリズム」でしかなく、シンプルに言ってしまうとスーパー計算機です。

計算機は意思を持ちません。万が一、反抗しても電源を切るか、叩き潰してしまえば人類は勝利できます。

◆ディープラーニングは実用段階ではない

次に、本当のＡＩである「ディープラーニング」は、まだまだ実用段階ではないからです。

ディープラーニングは機械学習の一技術で、データ内のパターンやルールを発見したり、その特徴量の設定や学習なども含めて機械が自動的に行ってくれるのが特徴です。機械学習を機械が勝手にやってくれる、と思ってもらうといいでしょう。

ですがこれも、人類を超える＝完成するのは２０４５年と言われています。

本当のＡＩ時代はまだ四半世紀も先で、さらにそれが意思を持って人類を支配するとなると、まだまだ先は長いとしか言えません。

◆ＡＩ活用にはＩＴエンジニアが不可欠

最後に、どれだけＡＩが優れていても、それを作る人やシステムとつなげる人が必ず必要だ、ということです。ＡＩは機械なので、勝手にシステムに入ってきたりはしません。データは、マネジメントしないとただのゴミです。

蓄積したビッグデータの中からＡＩが法則を生み出しても、それを使うのは人間です。マネジメントする側である人間がシステムとつなげて上手にＡＩを活用する道を作らないと、ＡＩという超優秀な作業員は真価を発揮しないのです。

これら3つの理由から、僕たちがＡＩを恐れる必要は何もありませんし、逆に考えれば、ＩＴエンジニアたちがＡＩの分野に進んでいくとしたら、あと四半世紀は引っ張りだこになる、ということでもあります。

SEは誰もが勝てる職業である

さて、話をSEに戻しましょう。

完全実力主義、知識と経験がベース、など、これまでにお伝えしてきましたが、そのことからもわかる通り、SEはやった分だけ上に行ける仕事です。

階段を上っていくようにSEとしての力は培われていきますし、コツコツ積み上げていくタイプの人にとっては、確実に上に行けるので向いています。

過去に経験したことを応用して新しい仕事に携われる、手につけた職を何かしらの形で別の機会に活かせるシチュエーションが多い仕事なのです。そこに「未来を見据える目線」があると、さらに上に行けるでしょう。

◆技術革新のたびに特化する道が増える

未来を見据える目線とは、「ITエンジニアとして自分がどのような道に進んでいくか」

を考えることに他なりません。

そして、SEはその可能性が日進月歩で生まれている職業と言えます。

なぜなら、技術革新のたびに特化するITエンジニアのタイプは増えていくからです。

例えば、かつてはクラウドエンジニアやモバイルエンジニア、AIエンジニアは存在しませんでした。

クラウドシステムが誕生したことで、そこに特化したITエンジニアがそう呼ばれるようになりましたし、スマートフォンの登場でモバイルエンジニア、さらに、これからの道としてAIエンジニアが増えていくことでしょう。他にも、VR（Virtual Reality）分野に特化したVRエンジニアと呼ばれる人たちも出てくるでしょう。


SEはITエンジニアとしては基礎となる職業です。つまり、幅が広い。そこからどこに特化していくかは本人次第なのです。

「最初からAIエンジニアになればいいんじゃないの?」

もしかすると、そう思うかもしれません。

残念ながら、そう簡単にはいきません。例えば、Python（人工知能などの最先端分野の開発に使われている汎用プログラミング言語。シンプルで扱いやすい）ができるからといって、いきなりＡＩエンジニアになれるかというと、なれないのです。

まずはＳＥというベースの部分で一人前になり、そこから特化していく道を僕はおすすめします。

古いしきたりに縛られず合理的に働ける

第2章で、ＳＥはクライアントと対等に仕事することをお伝えしましたが、そもそも比較的新しいＩＴ業界においては、過去の日本の仕事場における理不尽なしきたりや、古い慣習に従って仕事をする習慣がかなり少ないです。

その分、今の若い人たちや、合理的に物事を考えられる頭を持った人たちにとっては、ストレスがかなり少ない仕事と言えるでしょう。

例えば、「これは、こういうものだから」「前からずっとそうだから」「俺のときはこうやっていたからお前もこうしろ」と言ったことがありません。

仕事で何かのトラブルがあっても「知らないよ、おまえの部署の話なんだからそっちで何とかしろよ」と言ったことはなく、プロジェクトで1つのものを作っているので、みんなで協力して解決する道を模索しようとします。

「クライアントと対等」という意味では、話し合いの中で合理的ではないものを「これはおかしいんじゃないですか？」「こうあるべきではないですか？」といった進め方で解決していくことができます。理不尽に「クライアントが求めているから、黙ってやれ」ということはないのです（それではシステム開発は成功しないのです）。

◆「セ・パ両リーグ」が存在しない世界

働きやすいという点では、理不尽がないことに加えて、セクハラやパワハラ（「セ・パ両リーグ」と呼んでいます）がほとんどないことも挙げられると思います。

女性の社会進出が当たり前になり、女性ＳＥも増えている時代においては、セクシャル・ハラスメントは今まで以上に本当に悪しき習慣だと僕は思います。女性の体にタッチするのがＮＧなのは当たり前で、女性だから出世できない、求める仕事に就ける確率が低くなってしまう、ということは避けられるべきことです。

完全実力実績主義ということもありますが、ＳＥの業界はこの点が極めて少ない業界です。例えば、コミュニケーションが苦手なＳＥの中でも、女性ＳＥはクライアントと共感性を持って話し合いができ、活躍できることが多いです。

また、話し合いで物事を進められるので、理不尽なパワハラもほとんどありませんし、変な人間関係に潰されることも低いと思っています。

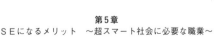

プログラムという共通言語で世界と仕事ができる

音楽は世界共通です。例えばビートルズの曲であれば、どこの国で、どんな人種でも、みんなで合唱することができるでしょう。他にも絵画は、国境や言語を超えて人に感動を与えることができます。

どちらも、とてもすごいことだと僕は思います。

そういう意味で言うと、SEはプログラムが共通言語なので、日本語や英語と言った言語の壁を越えて、海外の人と仕事をすることができる職業です。

僕の会社は現在社員が80人いますが、そのうち4分の1の20人が外国人です。中国、韓国、ベトナム、ウクライナ、リトアニア、インドなどから採用しており、使用言語はまちまちです。

もちろん、彼らには日本語を勉強してもらってはいますが（拙いながらも一生懸命喋ってくれます）、外国人にとって日本語は世界で最も難しい言語です。僕たち日本人にとっては当たり前の言語が、彼らには仕事をする上での一番の壁と言っても過言ではないレベルなのです（プログラム言語のほうが簡単だと言う社員もいます）。

そんな彼らと仕事をするとき、最も伝わるのがプログラムです。

プログラムにはその人のすべてが出ます。性格（人格）、スキルレベル、物事の考え方などが、解法として出てきます。当然、すごいプログラムをかける人はすごいスキルを持っていることが一発でわかります。

彼らが伝いたいことをうまく伝えられていないときでも、プログラムを見れば、伝えたいことが一発で理解できることがほとんどなのです。


他にも、僕たち日本人ＳＥがインターネットでオープンソース（誰でも自由に改良・再配布ができるようにした無償公開のソフトウェア）を見るときがあります。オープンソースは海外の人が書いたものがほとんどなので、基本的にページは外国語で書かれています。ですが、僕たちはいきなりソースコード（プログラミング言語で記述されたテキスト）を見ます。そのほうが早いですし、〝わかる〟からです。

スポーツの世界では、今や日本人でも海外で活躍するプレイヤーが山ほどいます。彼らが完璧に英語をマスターしているかというと、きっとそんなことはないでしょう。でも、彼らはチームのメンバーとしてプレーをし、成績を残しています。チームメイトと喜びを分かち合い、絆を作っています。そこには言語を超えた何かがあるのだと僕は思います。

それと同じことがＳＥの世界ではプログラムで起きているのです。

SEは地味なのに意外とモテる

名刺交換をした相手の肩書のところに「弁護士」や「医師」と書かれてあったら、思わず「すごいですね」「すごいお仕事をされていますね」と言ってしまうことはないでしょうか？

実は、ＳＥは弁護士や医者と同じく、名刺交換をした相手から「すごいですね」と言われる確率がとても高い職業です。僕もここ最近になって、「システム開発をしてるなんて、いいですよね」と羨ましがられることに気づきました（笑）。

ですが、振り返ってみると、今でこそ僕は経営者としてさまざまな企業の経営者クラスの人と交流することが多いですが、それよりも前から「すごいですね」は言われてきた記憶があります。それも、ほぼ１００％。

なぜかはわかりません。でも、そうなのです。ＳＥは医者や弁護士といった〝なんか凄そうな仕事〟に入れる職業なのです。

これから医者や弁護士を目指すには相当な勉強と苦労が必要かと思います。ＳＥも簡単になれるとは言いませんが、さすがに比較するとそのハードルは低いです。そういう意味でも、おすすめです。

◆仕事以外でもモテるのがＳＥの世界

仕事ですごいと言われるだけではなく、プライベートでもモテるのがＳＥです。

第4章で、お金に対して堅実だとお伝えしましたが、基本的に真面目な性格で、給料も良く、お金に堅実（長期目線を持っている）、さらに産業として将来性があるため、男性にとっても女性にとっても、パートナーとして〝本命〟候補になりやすいです。

実際に「SEは彼氏にしたい職業ナンバー1」というデータがあります。

2018年5月26日号の女性向けWebメディア『J-ON』のアンケートによると、なんと彼氏にしたい職業ナンバー1がSEでした。

例えば、僕の周りの人を見ても、同じITベンダーの経営者でも真面目で、酒や女や賭け事に浪費しないタイプが多かったり、お店に行ったりしないのに夜の仕事をしている女性と付き合っているSEがいたりもします（夜の仕事をしている女性の中には、即物的より、将来をしっかり見据えている人が多いです）。

もしもあなたがスーパーSEだったら？

ここまでSEという職業のメリットをいろいろとお伝えしてきましたが、ここからは少し視点を変えてメリットをお伝えしていきましょう。

もしも今、あなたがスーパーSEだったとしたら、どんなことが起きるでしょう？

3つの観点から見ていきます。

◆世界が透明に見える

あなたは「ネットワーク」という言葉を聞いて、何を思い浮かべますか？

例えば、真っ青な空間に光の線が無数に走っているイメージが一般的かもしれません。

ですが、その光の線の一本一本が何を意味しているか、どこにつながっていて、つながっている元はどこで、先では何が行われているか、といったことはあまりイメージが浮かばないと思います。

それでいいのです。そんなことを知らなくてもGoogle検索で必要な情報を引っ張ってこられたり、メルカリで買い物をしたり、YouTubeで動画を楽しんだりできるからです。

ただ、SEには、これはすべて透けて見えています。

例えるなら、優れた医者や整体師が人間の人体を透視して、どこの筋肉がどうなっていて、血管が、骨が、内臓が……といったことがわかるように、SEもまた、レントゲンやCTスキャンがなくても情報化社会の中身が見えるのです。

これは知識と経験によって目が養われていくからです。

AIが世の中に登場して、それがどういうものかの知識がわかると、それがどのように使われることになるかがわかります。あるサービスにAIが実装されていても、現状の技術レベルから「こんな感じで実装して使われるのかな」という予測を立てられるようになるのです。

◆デジタルを手足のように扱える

SEが世界を変えていることはすでにお伝えしてきましたが、具体的にどう変えているかと言うと、世の中を便利にしています。そのためにSEたちは、自分を追い込みながら不便を重ねています。

ですが、何かを不便から便利にするためには、「目的」が必要です。何の目的もなく便利にすることはできず、「こんな不便をこんな風に便利にしたい」という要望に対して〝便利化〟していくのです。

SEになると、そんなときに世にあるデジタルツールを手足のように使って、便利化を実現し、世界を1つずつ変えていきます。

そして何より、1つ目と2つ目の感覚は、絶対にSEでなければ身につけられないものではない、ということも言えます。一般のビジネスマンでも、SE的な世界観や知識を身につけていることで、世界が透明に見えたり、デジタルツールを使いこなせる人がいます。

さらに、この感覚を持っていることで、自分のビジネスで応用するヒントにもなります。もちろん、その入り口にはＳＥの知識や経験が必要な場合もありますが、仮に自分がシステムを作れないとしても、感覚そのものを持つことは可能なのです。

◆ビジネスを加速させる道が見える

世界を透明で見て、デジタルツールを使いこなせれば、あなたはシステムを俯瞰的に観られる力に近づくことができます。これを身につけていることで、あなたは自分のビジネ

スを加速させることができるようになります。それも簡単に。

方法はどちらでも構いません。自分で身につけるか、スーパーSEのスキルを活用するか。どちらにしても、見えている景色が今までとは変わり、意図も簡単にビジネスは加速させられるのです。

例えば、店舗で売っているものをEC（Eコマース＝電子取引）にする。紙の広告をWeb化する。

これだけでも、数カ月かかっていたものを数週間にしたり、1週間かかっていたものを1日で済ませたりできることが想像できると思います。1997年にAmazonが特許出願した「1-Click（ワンクリック）」で広告のビジネスモデルが変わったと僕は考えています。

それだけではありません。

スーパーSEの観点を持っていることで楽天やAmazonを超える第三のモデルを加速させることができれば（簡単ではないと思いますが）、彼らを過去にするビジネスを始められる可能性もあります。

スーパーSEになること、その観点を持ってビジネスを始めることは今この瞬間にできることではないかもしれませんが、今まで無理だと思っていたことが無理ではなくなる景色を、ぜひ見てもらいたいと思っています。

あのホリエモンもSEだった！

今や実業家であり、投資家であり、数多くの書籍を残すベストセラー著者であり、YouTuber（インフルエンサー）でもあるホリエモンこと堀江貴文氏。

一時は東京都知事選にも出馬するかと噂された彼も、かつてはSE（プログラマー）だったことをご存知でしょうか？

中学生の頃にコンピューターと出逢い、親から借金して買ったパソコンでプログラミングを学び、中学生2年生にして仕事が舞い込んでくるくらいの優秀なSEとなりました。その後、東京大学時代に学生起業で後のライブドアを起こして時代の寵児となりますが、証券取引法違反容疑によって逮捕。刑期を終えた現在は、実業家として宇宙開発事業に60億円の個人出資し、ロケットの開発を行っています。

ホリエモンがこれだけの数多くのビジネス・イノベーションを起こしてきた背景には、かなり早い段階から彼がＩＴに関わっていたことがあると僕は思っています。

バブル崩壊後の日本にＩＴが導入され始めてから約30年。もう世界はＩＴのなかった時代には戻れません。

経営資源は「ヒト・モノ・カネ・情報」と言われてきましたが、今やここにＩＴが加わり、「ヒト・モノ・カネ・情報＋ＩＴ」の時代になっています。ピラミッド構造で言うなら、情報＋ＩＴをベースラインにヒト・モノ・カネがあり、その頂点に自分のビジネスが乗っかります。

この認識がないと人も企業も淘汰される時代になりましたし、ホリエモンの成功理由の1つも、ここにあったと思います。

◆情報＋ＩＴを味方につけるデメリットは１つもない

経営資源の新しいピラミッド構造について、もう少し補足しましょう。

かつてのＩＴがなかった時代は、もしも自分で何かビジネスを始めようと思ったら、ヒト・モノ・カネがベースになり、それをどうビジネスに活かしていくかを考える２層構造でした。

２０００年以降、ここに情報インフラやＩＴ技術が加わり、ヒト・モノ・カネを管理する情報＋ＩＴという新しい土台が生まれ、３層構造になったのです。エンジニア力をベースにヒト・モノ・カネを活用してビジネスをするのが、これからの一般的なビジネスモデルになると僕は思っています。

世の中の事業をシステム化することによって資金が集まったり、ＩＰＯ（新規上場）をした会社が数多くあります。これは、ビジネスを加速させるだけでなく、スケールする（拡大させたり縮小させたりする）ためにＩＴが必要なことを示した好例です。

他にも、起業する／しないに関わらず、今やスマートフォンなしに現状の仕事のクオリティを維持していくのが難しいことは容易に想像できると思います。仕事だけではなく、生きて行くためにＩＴが不可欠な時代になっています。

もはや、情報＋ＩＴを味方につけることに数多くのメリットはあっても、デメリットなど1つも存在しないのです。

ＩＴで起業したら最短で上場できる

前項の上場や起業にフォーカスして、少しお伝えします。

僕は、システム開発の会社は他の業種よりも圧倒的に起業しやすいと思っています。

その理由は2つ。「資本がほとんど必要ない（1円からでも起業できる）」「初期投資がほとんどかからない」です。


ＳＥが起業をしようと思ったら、まず必要なのは事務所でもパソコンでも従業員でもなく、仕事です。仕事さえあれば売上は作れます。

そして、その案件に派遣されるのは自分自身。つまり、従業員を雇わずとも、自分がSEとしてプロジェクトに参加すれば0→1がすぐにできて、初月から自分の給料を稼ぐことができるのです。

初期投資に関しても、起ち上げを自分で行うのであれば、立派なオフィスは必要ないので、事務所代の固定費はかかりません。

どこかを間借りする形や、今では一般的なインキュベーション・オフィスを活用すれば、仮に事務所を持ったとしても固定費を抑えることができます。

設備投資も、自分の所有しているパソコンを使って、仕事はクラウド上でやり取りをすればいいため、設備投資もほとんどかからないことになります。

もちろん、1人で始めてから会社を大きくしていくのは大変です。

起業している人の中には会社だけど個人事業主になってしまっている人も数多くいります（僕はそれをおすすめしません。詳しくは後の章でお伝えします）。ですが、それはどこの業界でも同じことだと思います。

ただ、案件が増えて従業員を雇ったとしても、その案件に従業員を派遣すれば、人件費は自動的に稼げることになります。自分が携わっている案件の人を増やす形でもいいでしょう。


上場についても、ＩＴ企業はエンジェル投資家（創業間もない企業に対し資金を供給する富裕な個人のこと）も含めた投資家からの資金を集めやすい業種です。

成長産業であること、最新技術を使って新しい何かを始める業態であることがその理由です。そして、起業する側にとっては潤沢な資金でスピーディに大きな仕事ができ、新しいビジネスを始めるときのレバレッジが強い（少ない自己資本でも大きな資本を動かすことができる）のです。

顧客の8割がリピート案件で安定している

自分でビジネスを始める際、最初は仕事があってもそのうち仕事がなくなって、立ち行かなくなってしまう不安もあると思います。

その点において、SEはとても安定的な仕事だと言えるでしょう。

というのも、基本はリピートが8割だからです。

最初の仕事できちんと実力を発揮してクライアントから認められると、「次の仕事もお願いします」とリピートされることが多く、SE側から意志を持って関係性を断とうとするか、積み重ねた信頼を意図的に破壊しようとしない限り、やがてSE本人が「人」の部分で重宝されて仕事が続きます。

また、知識と経験がさらに増えて、人として仕事が集まってくるようになると、だんだんと大手企業から選ばれるようになっていきます。大手企業には、人として重宝されるSEを求める傾向が強いです。

もちろん、起業して1年目からいきなり、というのは難しいと思いますが、10年近く経って「今の我社はこれくらいの技術力があり、これくらいの仕事ができます」という特色を出せるようになると、大きな案件がやってくるようになります。

SEとして積み重ねてきたものが、外部からの客観的評価という「人気」となって結実するのです。

当たり前ですが、大手企業の案件はサイズが大きいです。当然、単価も大きいですから、売上の面でも期待できます。企業の規模を大きくしたり、自分自身のギャランティをアップさせることも可能でしょう。

とりあえず3年、SEをやってみよう!

「やりたいことがわからない」
「自分に合っている仕事って何だろう?」

「安定した仕事に就いて、自信をつけたい」

もしもあなたがそんなことを思っているなら、とりあえず3年間、SEをやってみるのがいいと僕は思います。

僕の世代や、もっと上の世代は、仕事を消去法で選べた世代でした。好きに仕事を選べる、という点では羨ましく思うかもしれませんが、逆に言うと選択肢もそれほど多くなかった時代です。

そういう意味では今は万を超える選択肢がある世の中で、消去法で仕事を選ぶことは難しい時代です。結果、「自分に合っている仕事は何か?」と迷いが生じてしまうのだと思います。

でもだからこそ、人生100年と言われる時代で、たった3年間くらいトライしてみるのもいいんじゃないでしょうか?

SEとして華やかな表舞台に立とうと思ったら、それこそホリエモンや山田進太郎氏(メルカリ創業者)のようにならないといけないかもしれません。でも、表に出ない仕事だけど、見えないところで世界を便利にして世界に貢献できることは素晴らしいことだと思います。

これからの産業にはＩＴは必須です。つまり、それだけＳＥにはニーズがあることはくり返しお伝えしてきました。

その上で、今の世代はデジタルネイティブとして、かなりＳＥになるアドバンテージがあると僕は思っています。基本的な覚えも早いしユーザー側の気持ちがわかる。デジタル生活に囲まれ、育まれた頭を持っているので、今までとは違うエンジニアとして、今までになかったサービスを考えるのに秀でているとも思うからです。多様性の世界に生まれ育ったからこそ、柔軟性や適応する能力が高いと期待しているのです。

では、もしも今からＳＥになる、その道を目指すにはどうすればいいのか？

さまざまな方法がありますが、理系でなくても、文系でもアラサーからでもスタートできるＳＥになる具体的な方法については、次章で詳しくお伝えします。

Chapter 6

SEが成功する道

〜SEとして成功するための心得〜

本章では、具体的に未経験の人や、これからSEを目指したいと考える人が、どのようにすればSEになれるかをお伝えしておきます。

また併せて、SEになるために必要な資格や、実際になったあとにどういう考え方や、成長のための心得を持っていればいいかについても解説します。

IT業界は可能性の業界。意外とこれからの人たちへの扉が開かれています。

本章でその事実を知り、これからあなたが進む道の参考にしてもらえたらと思います。

スイッチさえ入れられればいつからでもSEになれる

SEに興味がある人からよく質問を受けるのが、

「文系の自分でもSEになれますか?」

「別の仕事からの転職でSEになれますか?」

というものです。

この質問にはっきり答えてしまうと、まず、**ＳＥになるのに文系も理系も関係ありません。そして、英語をマスターしている必要もありません。**

実際に僕は中学校の頃は数学が大好きで、高校も進学校の理数コースに進みましたが、高校ではほとんど勉強せず、１年生の最初の中間テストの成績が悪すぎて、先生から「転校の手続きしてやろうか？」と言われたくらいでした。

予備校に１年通って大学に入ってからも、ろくに学校には行かない日々。そんな中で学生結婚をし、お金を稼ぐ必要性から入ったのがＩＴ業界でした。プログラマーとしていきなり現場で学びながらやってきました。

学歴や語学、理系文系の問題よりも、僕が大事だと思っているのは「スイッチを入れられるかどうか」です。

自分の中のＳＥになるためのスイッチさえ入れられれば、社会人になってからでも、ＳＥの道で新しい人生をスタートさせることは可能です。

ただ、そのハードルが意外なところにあるのです。

それは「環境」というハードルです。

20代、30代、40代と、人にはそれぞれ生活環境が存在します。早く結婚をした人もいれば、アラフォーでも独身を続けている人もいます。

ただどちらにせよ、ＳＥとして新たにスタートを切る以上は、ほとんどの場合が未経験からのスタートになります。当然、給料がいいとされていても最初は３００万円くらいからになるでしょう。

結婚していたり、子どもがいて家庭を持っていたり、前職でそれなりの収入があったりする人が、生活水準を少なからず落としてチャレンジできるかどうか。

お金以外にも、時間の使い方でも単身者と既婚者では変わってくると思います。

この辺りの環境の折り合いをうまくつけられて、例えば「3～5年後には前の年収に戻す」とスイッチを入れられるのなら、年齢はや学歴は関係ありません。だって、完全実力実績社会なのですから。

この業界は、可能性の世界です。ですから、チャンスやチャレンジを買ってもらえる環境が業界にはあります。あとはそこに自分をアジャストし、スイッチを入れられるかどうかなのです。

日本は海外よりもSE業界の扉が開かれている

スイッチオンでチャレンジできるSE業界。

では、業界側の受け入れ態勢についてはどうでしょうか？

すでにSEが不足気味なこと、そして未来にもっと必要になることもあって、この業界のチャレンジャーへの扉は大きく開かれています。しかも、海外に比べてずっと大きく、かつ広く開かれています。

僕の会社には20人の外国人SEがいますが、採用活動をしていて彼らから驚かれるのが、「日本には成人教育がある！」ということです。

成人教育とは、いわゆるパソコン教室から採用後のトレーニング（研修）までを含む教育制度のことです。僕たち日本人には当たり前すぎてその感覚はわからないかもしれませんが、海外では成人教育がほとんどないのです。

◆ウクライナの新卒採用で気づいたこと

僕の会社ではこの3年間ほど、ウクライナでも新卒採用を行っています。

海外で採用活動をしていると、ほとんど100％の確率で「僕の仕事（ポジション）は何ですか？」と聞かれます。しかも、相手は業界未経験の新卒です。

日本人の感覚からすると、「はい？　何を言ってるの？」という感じだと思います。日本ではほとんどがポテンシャル採用（可能性を重視して、採用後に大きな成長が期待できる人材を採用すること）を行っているからです。

でも、彼らは至って真面目で、自分たちは就職する際にポジションで採用されることを前提に学校で勉強する風土が強く根づいているのです。ポジションで採用されるまではインターン扱いで、正社員ではないのです。

日本ではポテンシャル採用をしていて……という旨を彼らに説明すると、彼らはきょとんとした顔で僕の話を聞いていました。

◆ポテンシャル採用を目がけて来るアジア人材

他にも、中国、韓国、ベトナム、リトアニア、インドの人たちも僕の会社では積極的に採用をしていますが、例えば中国などのアジア圏では、大学に入って情報系の学問を習得していないと、そもそもSEにはなれません。それくらい学校がすべてで、学校で習ってきたものを会社で活かすのです。

日本では、情報系の学問を修めていたとしても、採用されてからトレーニングがあります。そういう意味でも、門戸は広く開かれています。

アジア系の人材たちはそのことを知っています。ですから、情報系を修めていない人材が、ポテンシャル採用をめがけて日本にやってきます。「日本はポテンシャル採用をしてくれる、チャンスを与えてくれる貴重なありがたい国」と認識されているのです。

◆超高級な海外人材に負けるな

さらに言うと、海外勢は精鋭ぞろいです。

日本で置き換えてもわかると思いますが、国内でも働ける環境があるのにわざわざ海外に渡って何かをしようという人は能力的に優秀で、高い意識を持っている人ばかりです。同じように海外勢も精鋭ぞろいで、人材としては超高級なのです。

もちろん、言語の壁や日本の文化に馴染めるか、その企業風土にフィットできるか、という課題は残りますが、すでにお伝えした通りプログラムという共通言語があったり、ポテンシャル採用という可能性の場があったりして、やはり海外勢からの注目は集まっていると感じます。

扉が開かれている分、成長産業だからライバルが多いのは事実です。日本人も、負けないでもらいたいと思っています。

大学の情報系を出ていることは有利なのか？

IT企業の採用欄を見ていると「即戦力募集」という文言が散見されます。

即戦力というくらいですから、入社してすぐに使いものになる人材を求めているわけですが、ここに対して2つ思うことがあります。

1つは、即戦力というのがSEになりたい人のハードルになってしまっている、ということ。「どうせ応募しても採用されないのではないか」という思いを応募者に抱かせる可能性があります。

もう1つが、即戦力として採用しているにもかかわらず、ほとんどのIT企業で入社後にトレーニングがあることです。即戦力人材なのにトレーニングを行う。これって、おかしくないですか？

ですがここに、これからでもSEになれるチャンスも同時に眠っていると感じています。

僕が学生――特に大学で情報系を学んできた学生を見ていて思うのが、「学問と仕事は違う」ということです。SEは学問ではないのです。

大学や専門学校で情報系を出たとしても、大方の場合、教えている先生は元SEではなく、学問を研究している人だったりします。

一口に「情報系」といっても、大学によってやっていることは違います。修学カリキュラムも違えば、使用しているプログラム言語も違う。プログラム言語を使っているとしても本職からすれば〝かじった程度〟で、C言語やjavaをゼミで先生の手伝いとしてやっているくらいで、システム開発は行っていなかったりします。

また、どちらかといえば「基礎情報」と呼ばれる分野の勉強をしていたりします。ベーシックのコンピューターやハードウェア、ソフトウェアの基本の知識、システム開発のプロセスの知識を持っているくらいで、本当に文字通り〝基本だけ〟を習っていることがほとんどです。

それが悪いことだとは言いません。勉強は絶対に必要です。

ただ、情報系の学問を修めていたとしても、システム開発の現場では「悪くはないけど実践的ではない」というのが僕たち現場のSEの本音です。

SEは学問ではない。でも、だから逆に誰にでもなれるチャンスがある。

情報系を出ている／いないの差は1～2年で消えてしまいます。ちょっとしたアドバンテージに過ぎないのです。

「チャレンジする」と決めたら徹底的にパクれ

ＴＰＰといえば、環太平洋パートナーシップ協定のことを指しますが、成功への近道とされる「ＴＴＰ」をご存知でしょうか？

「徹底的にパクる」でＴＴＰです。ビジネスパーソンの心得の1つです。

スイッチオンでチャレンジでき、チャレンジャーへの門戸が開かれているＳＥ業界への挑戦を決めたら、アドバンテージがあろうとなかろうと、徹底的にパクる気持ちで進んでもらいたいと思います。

なぜなら、そのほうが効率はいいからです。

ＳＥになろうとする人には「自力で何とかしよう」「自分の力で切り拓こう」とする傾向が強いです。きっとそれがスキルアップにつながり、手に職をつけることになると考えているのだと感じます。

決して間違ってはいないのですが、それだと成長に時間がかかります。

今この瞬間にも新しいものがどんどん出てきている業界で、1からすべてを自力で習得するのはとても効率が悪いです。

自分で押さえられるところは押さえて、人からパクれるところ、周囲の人を活用できるところはTTPの精神で活用する。

効率良く実力・実績を上げていくためにも、この考え方は必要です。

どうやってSEになるか?（スクール編）

ここからは、これからSEになるためにはどんな手順を踏んでいけばいいのか。今日から始められる具体的な手順についてお伝えしていきましょう。

◆有料と無料。スクールはどちらがいい?

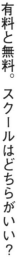

具体的な社名を出すことは控えますが、ＳＥになるためのスクールはインターネットで検索すれば簡単に見つけ出すことができます。

スクールには有料のものと無料のものがあり、一長一短です。

有料スクールの場合は、多少いい傾向があります。

というのも、スクールはＩＴ企業がやっていることが多いのですが（ちなみに、僕の会社でもやっています）、基本的にあまり儲からないビジネスモデルです。講義をするための場所や講師の人件費など、お金がかかります。ですから、マネタイズをするためにムダがないよう、必要なことを必要なだけ教えきちんと習得できるカリキュラムを組んでいます。

ただ、だからと言って無料が悪いわけでもありません。

無料でも通った生徒が就職できないと応募者からの人気が下がります。つまり、実績が大事なわけです。仮に就職しても人材がＮＧだと今後の就職斡旋が不利になります。紹介先の企業、応募者の両方から評価されるので、それなりにがんばる傾向があるのです。

選ぶときのポイントとしては、当たり前ですが、お金に余裕があれば有料でいいと思いますし、ないなら人材紹介を受けたりして無料スクールに通えばいいでしょう。

はっきり言ってしまうと、どちらも完璧ではありません。「有料だから大丈夫、無料だからダメ」という感覚は持たないようにしましょう。

◆スクールはあくまでもサポートとして考える

スクールは、限られた期間の中で最も必要な能力を引き上げるためのカリキュラムをしっかり作り、ピンポイントで教えてくれます。

そういう意味で最初に通うにはおすすめですが、有料・無料のどちらに通うにしても大事なのは、「スクールは自分では作れないきっかけを得るチャンスの場」としてとらえることです。

乱暴な言い方をすれば、やる気があれば無料でも得るものは得られるし、やる気がなければお金と時間をドブに捨てるのと変わらない、ということです。

大切なのは「学び取る姿勢」で通うことです。

スクールというと、つい学校を思い浮かべて、受け身で授業を受けるイメージがあります。ですが、教えてもらうつもりで入っても意味はありません。ホームランボールを投げてもらっても、バットを振らなければホームランを打てないのと同じです。

あくまでもスクールはサポート、習得するのは自分だと考えて通いましょう。

どうやってSEになるか？（職業訓練校編）

スクールとは別に「職業訓練校」という選択肢もあります。

国や都道府県から委託を受けて職業訓練を行っており、条件を満たすことによって、受講者は給付金を受け取りながら知識や技術を身につけることができます。

スクールとは違い、お金を払うのではなくもらえる可能性もあるところなので、一見すると一番いいように聞こえるかもしれませんが、正直なところ、あまりおすすめはしません。

◆赤字で開校できなかった優良カリキュラム

僕が職業訓練校をあまりおすすめしない一番の理由があります。

それは「学校側がやりたい内容」より「人が集まる内容」を優先してしまうことです。先述の通り、職業訓練校は国や都道府県から委託を受けます。結果、人気商売になってしまい、人が集まらない場合は開催する側が赤字になって、開校できないこともよくあるのです。

実際に、僕の知り合いのＩＴベンダーで、こんなことがありました。

今から4～5年前の出来事です。知り合いのＩＴベンダーが「ｊａｖａを使ってＷｅｂアプリを作れるようになるカリキュラム」を設計し、無事に審査も通って受講者を募集することになりました。

このカリキュラムは僕の会社でもトレーニングメニューとして採用しているもので、ＳＥの現場でも役に立つ、とてもいいカリキュラムでした。

ところが、当時は「androidアプリを作れる」「iOSでアプリを作れる」というカリキュラムが全盛の時代でした。スマホアプリ開発の副業で小遣い稼ぎが流行っていた時代でした。

当然、そのような講座は大人気で満員御礼なのですが、僕の知り合いのＩＴベンダーのカリキュラムは、20人くらい集まらないと採算が取れないところを10人にも満たない応募者しかおらず、取りやめになってしまいました。

僕としてもすごくショックな出来事でした。世の中の未経験な人にとっては「必要かどうか」より「やってみたい」「流行っているから気になる」のほうが選ぶ基準になってしまうことを目のあたりにしたのです。

◆職業訓練校はあくまでも入口

結局、職業訓練校のカリキュラムは、未経験者の目線で人気のものが残っている世界です。スマホアプリ開発の副業でお小遣い稼ぎはできるかもしれませんが、それでフリーランスで生活を立てたり、本格的にＳＥとして現場でやるベースラインにはとてもなり得ません。

もしも、職業訓練校に通うつもりなら、そこにはプロの目線はなく、今人気のテクノロジーの入口に触れるくらいのつもりで行ってください。

どうやってSEになるか？（就職サイト編）

スクールにも職業訓練校にも通わずSEになる第3の道が、就職サイトを通じてITベンダーに就職してしまう方法です。就職サイトを通じなくても、一般の採用募集に応募する手段もあります。

スクールに通って裸一貫から這い上がる方法とは異なり、一番の正攻法のように見えます。遠回りをせずいきなりSE業界に入れますし、採用後にトレーニングがあったり、未経験からとはいえ、きちんと給料をもらえます。SEになる数少ない近道と言えるでしょう。

ただ、お察しの通り難しいです。受け入れ先企業が暖かいベッドと食事を用意してくれるのと引き換えに、なかなか機会が訪れない〝狭き道〟です。

ＩＴベンダーは日本に数多くありますが、必ずしも大人数を抱えているとは限りません。むしろ中小がほとんどで、例えば10人の会社だと未経験者で採れるのは１人が限界。たった１つの椅子をたくさんの応募者で取り合う椅子取りゲームになります。

採用するのにも時間をかけ、育てるのにも時間をかけますので、一度募集の扉が閉じてしまうと次は数年後……ということも充分にあり得ます。

募集が頻繁でないだけでなく、例えば今回の新型コロナウィルスのときのような有事の際にはいきなり募集の扉を閉じてしまうことも考えられます。ＳＥは育てるのに時間がかかるので、企業側も将来の投資的な側面が大きく、バンバン席を空けるわけにはいかないのです。

ならば、この道は狙うべきではないのか？

そんなことはありません。狭き道でも募集がないわけではありませんし、実際に一番の近道なので、狙ってみることは大事です。

出会いには「縁」の部分もあります。チャレンジすると決めたなら、スクールに通って勉強をしながら、あきらめずこの道も探ってみてください。

なぜ独学やフリーランスの99％は成功できないのか？

ここまでお伝えしてきた3つの方法とは別に、独学で勉強をしたり、就職しなくてもフリーランスでSEをやっていくことで、SEになれると考えるかもしれません。

結論から言ってしまうと、なれます。

ただし、とてつもなく時間がかかって非効率的なのと、一定の年齢で限界を迎えてしまう理由から、おすすめはしません。

◆辞書を見ながら愛を囁く人はいない

もしも、あなたが英語を話せるようになりたいとしたら、どうしますか？英会話スクールに通う、ワーキングホリデーや留学をする、外国人の恋人を作る……など、いろいろと思いつくと思います。

ですが、自分で辞書や教科書を買ってきて、独学で英語をマスターしようとは思わないはずです。それがいかに非効率的かは火を見るより明らかです。

SEも同じで、僕たちの作業で書籍化されているものはほんの1％に過ぎません。最新テクノロジーはすぐに書籍化されるとは限りませんし、プログラム言語やデータベースの関連書籍はたくさんありますが、「設計と試験の本」は存在しないからです。

それに、現場にいるSEたちは本に書いてある知識を知っていて当たり前のレベルで身につけています。コードを書くときに本を見ながら作業するSEはいません。英語で言うなら、辞書を片手に「I love you」とは言わないのです。

「スクールやトレーニングを受けること＝有識者のサポートを得ること」と考えましょう。独学の1年はスクールの1週間です。そのくらい実践的で、ポイントを押さえたカリキュラムで教えてくれます。

◆フリーランスに重要な仕事は任せられない

フリーランスとして会社に縛られずに自由に生き、スーパーITエンジニアとしてさまざまなプロジェクトを渡り歩く……確かにカッコいいイメージだと思います。

でも、残念ながらそれはイメージだけの世界。30代くらいまでの若いうちであれば重宝されるかもしれませんが、40歳を過ぎると〝不要な人〟になってしまっているフリーランスSEがあとを絶ちません。

経験や年齢のこともあるのでギャラを高く設定しなければいけない（20代と同じ、というわけにはいかない）。でも、チームメンバーとしてはフリーランスだから末端の作業しかさせられない。末端の作業員に高コストはかけられない。

必然的に、不要な人になってしまうのです。

僕の経験上、スーパーSEは会社に所属しています。所属して10年以上、絶えずがっつり仕事をしてきた中で自分を成長させ続けたからこそ、その高みに行けていたり、SEとして本を出していたりしています。

フリーランスは確かにカッコいいですが、あくまでもそれはイメージだけ。成功するには、いばら以上の道が待ち受けていると考えましょう。

ＳＥになるために取っておくべき資格

スクールに通うのと同時に、資格の取得もしておきましょう。

ＳＥの資格には大きく2つ。「国家資格」と「ベンダー資格（民間資格）」があります。

国家資格とは、文字通り国の法律に基づいて証明される資格のことです。

ベンダー資格とは、パソコンも含むコンピューターやＩＴ製品（ソフトウェア、ネットワーク機器など）を製造・販売するベンダーが、自社製品の適切な操作や管理技術を満たしていることを認証する民間資格です。

まず国家資格では、ＩＰＡ（独立行政法人 情報処理推進機構）が定めている「基本情報」はマークしておきましょう。１０００項目以上のアカデミックな資格があって数が多いので、「この場合はこういう資格が必要」というものは、それぞれの必要に応じて取得していくといいでしょう。

ＳＥにとって資格とは、あくまでも「個々のＳＥがどんな知識を持っているか」の共通言語としてしか使いませんが、基本情報を取得していれば、ＩＴ系の言葉が理解できるようになりますので、未経験者であれば必須です。

また、有名な「ＩＴパスポート」は現場では入門用だと考えられていますので、せめて基本情報までは進んでください。

次に民間資格ですが、ＳＥとしてはあまりメジャーなものはありません。

例えば、ネットワークエンジニアであれば「Cisco（シスコシステムズ社）」か「Oracle（オラクル社）」が有効です。中には持っていないと作業が始められないこともあるので、ベンダー資格も国家資格とともに必要に応じて取得しておく必要があるでしょう。

ただ、くり返しになりますがＳＥとしてはメジャーではありません。資格を持っていることでの効果はあまり期待できませんが、勉強としてはいいと思います。

新人SEが成長するための最短距離

ここからは、実際にITベンダーに就職するなどしてSEになったあとの大事なことをお伝えしていきます。

SEが手に職をつけて一人前になるには10年かかります。のんびり屋さんだと15年くらい。どちらにせよ、よほどの天才でない限り2〜3年でスーパーSEになることは不可能です。このことを想定内にしておいてください。

というより、最初の2〜3年間は成長を感じられないと思います。5年でようやくまともに使えるようになってきたくらい。そのため、入社してから「こんなはずじゃなかった」とギャップに落ち込むSEが少なくないのです。

システムエンジニアの成長イメージ

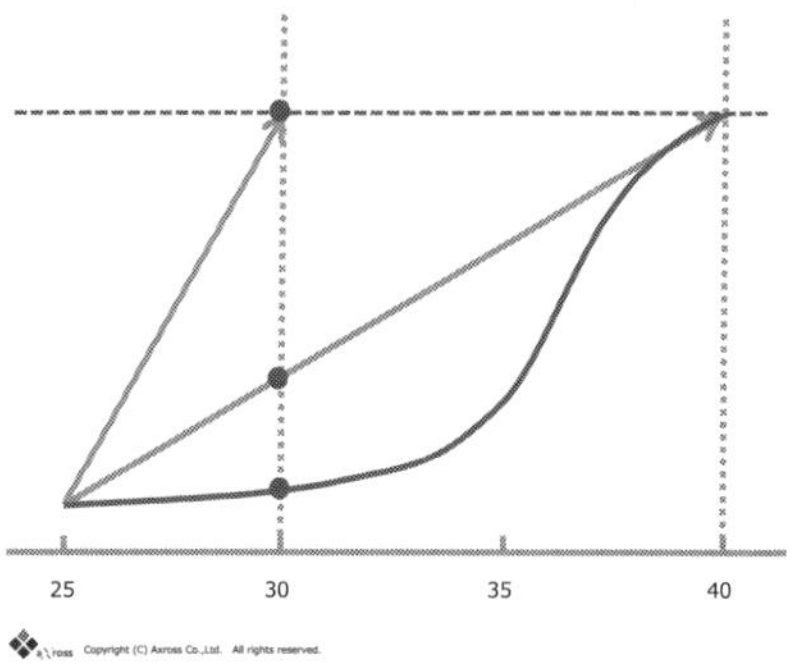

これは能力差によるものではありません。みんな同じです。

5年もＳＥをやればだんだんと仕事が楽しくなってきて、成長が上向きになってきます。そこから、これまでの下積みを一気に開放するようにグンと伸びていきます。

抽象的でなかなか実感が持ちにくい感覚なのですが、これまで点と点で存在していた知識や技術や経験が線になってつながり、見える世界が変わってきます。

◆最初の3年は与えられた仕事に集中せよ

ＳＥが成長するために必要なものは「人との出会い」です。

ＴＴＰでもお伝えしましたが、誰かから何かを得るためにはたくさんの人との出会いが必要です。そこで徹底的にパクる。自分の成長の種を可能な限り集めておくのです。そのためにも、企業に所属して常にプロジェクトに関われる環境にいることが大事だと僕は

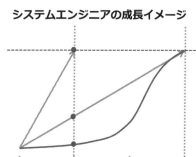

思っています。

そして、仕事場においては与えられた業務を1つずつ確実にまっとうしていくことが重要です。

とりあえず、3年間。疑問を持たずに言われたことに集中すること。疑問を持つと、仕事ができなくなります。「試験ばっかりやって、何の意味があるの？」などの疑問を持つ新人SEが多いので、これも今のうちに想定内にしておきましょう。

あなたのために仕事があるのではなく、仕事のためにあなたがいるのです。

先輩について いろいろと教えてもらいながら、与えられた業務をこなし、できることを1つずつ増やしていく。新卒、中途にかかわらず、未経験者はできることをこなす世界です。指示を受けたことをまっとうしましょう。

加えて、自分でまだ課題だと思うことがあれば、自分で勉強することも必要です。実際に現場でシステム開発に携わりながら、作業に集中し、修正指示を受けるのが成長の最短距離だと僕は思っています。

そして、その過程で自主勉強も欠かさず、できることを増やしていけば、あるときをきっかけに一気に成長を感じられ、仕事が楽しくて仕方がなくなってくるでしょう。

成功するSEはストロング・ポイントを持っている

第5章でSEとしてまずは一人前になり、そこから特化していくことをお伝えしました。特化するとは、ストロング・ポイントを持っていることです。

SEの仕事は包括的です。様々なITエンジニアの総取り的なカテゴリーで、守備範囲が広く、全体俯瞰で物事を見て仕事ができないといけません。

全体俯瞰で物事を見るためには、何かしらのストロング・ポイントがあるとさらに良いです。●●系に強いSEになることで、周囲から頼られたり、必要とされるSEに成長していくことができます。

では、どんなストロング・ポイントを持っているといいのか？

最近、よく僕が言われるのが「基盤ができるＩＴエンジニア」です。

基盤とは、システムの基礎となる部分です。フルスタックや、昔で言う「アーキテクトができる人」。システムの一番下の層を設計できるＳＥは、これからの時代にスーパーＳＥとして成功していくでしょう。

ただ、いきなりここに行くことは段階的にできません。

まずはデータベースに特化していくこと、最近だとクラウド環境に精通していること。最初はここをスタートにして特化分野を持ち、最終的に基盤が作れるＩＴエンジニアに成長していくのがおすすめです。

他にも、金融、保険、証券、医療、公共系などの特殊な業務知識が必要な、業務が難しく、通常のシステム開発とは別枠な世界に特化するのもいいでしょう。

また、現代で考えるならデータベースやクラウドの他に、モバイルに強いと頼られるＳＥになれます。

ＳＥとしての仕事の幅を広げるために、ストロング・ポイントは最低でも1つは持ってください。そして、そこでとどまらずに、年数とともに1つずつストロング・ポイントを増やしていきましょう。

成功しているSEがやっている3つのこと

本章の最後に、SE時代から僕が常に心がけてきたこと、そして、今も継続していることを、少しおこがましいですが「成功しているSEが絶対にやっていること」としてご紹介します。

それは、

- **わからないことはすぐに調べる**
- **「やる／できる」から考える**
- **細切れの時間を有効活用する**

の3つです。

どれも今日からできることですし、一般のビジネスでも応用可能ですので、ぜひ実践してみてください。

◆わからないことはすぐに調べる

仕事をしていて、わからないことは絶対に出てきます。

そんなとき、何となくのイメージでわかったつもりになったり、**わからないまま放置したりせず、すぐに調べる習慣を身につけましょう。これは鉄則です。**

インターネットですぐに調べるのは当たり前です。ちなみにSEたちは検索の神です。常に調べているような生き物なので、検索窓に入力するキーワードの入れ方がプロフェッショナルで、百発百中で求める情報を見つけることができます。

ただ、中には難しい言葉だと検索だけでは難しい場合もありますので、本を読むことをおすすめしています。

本は、わざわざ買う必要はありません。むしろ、立ち読みがいいです。買ったら読まないのが人間の常。僕の会社のSEたちも、会社の図書館でチラ見した本を買ったあとに「これ、読んだの?」と聞いたら「時間があるときに読みます」と返ってくることが多いです(笑)。

僕はSE時代には買えませんでしたので、仕方がなく毎日、本屋へ寄って30分間の立ち読みをしました。本屋には申し訳ないですが、僕にとっては〝調べものをしに行く場所〟でした。ですが買わない分、集中するので、覚えは早かったです。

◆「やる/できる」から考える

SEだけではないですが、人間は2つの思考パターンに分けることができます。何かを頼まれたときに「自分にはできる」と考えるか、「自分にはできない」と考えるか、です。たった2文字の違いなのですが、雲泥の差を生みます。

「できない」と考える人は同時に「できない理由」を探します。SEの場合は「自分にできないことだから、できないものだ」と考えるのです。これはロジカルに考え、ゴールが見えているから仕方がない部分もあります。

ですが、成長したいなら「やる／できる」と考えるのが鉄則です。「できる」と言うと、次に「どうすればできるだろう?」と考え始めます。すると、突破口が見えることが多いのです。

この思考パターンになるためには、糸口があります。

「仮にできなくても文句は言われない」と考えることです。

仕事を頼む側は「もしかするとできないかもしれない」という一抹の不安や、「彼ならできるかもしれない」という期待をこめて頼んできます。

つまり、超えられるギリギリの壁しか用意しないものなのです。

ですから、その壁に対しては「できない」ではなく、「チャレンジしてみます」「こうすればできます」と答えましょう。この思考パターンでないと新しいところには行けませんし、スキルも積めません。

◆細切れの時間を有効活用する

僕たち人間の時間は限られています。1日は24時間。通勤や睡眠や食事を除いたら、自由に使えるのは12時間程度になるでしょう。

さらに、仕事で8時間を費やすとしたら、あとは4時間。情報化社会で、遊びも勉強もコンテンツが山のように増えた今の世界では、その4時間を自分の成長につなげようとしても、どう考えても時間が足りないと思います。

本を読む、動画で勉強する、プログラムを作る……など、まとまった時間を必要とすることは今も昔も変わりません。時間がないのにやることにかかる時間が変わらないなら、できることは1つ。時間を細切れにして使うことです。

1日の中で睡眠を除く（睡眠学習でもいいですが）約16時間を分単位で細切れにして考えてみましょう。

通勤の1時間で何ができるか？　トイレに入っている5分間で何行の文章を読めるか？寝る前の30分でどれだけのプログラムができるか？

まとまった時間ができるのを待って使うのではなく、細切れにした時間を活用するのです。丸1日あけてゆっくりと本を読んだりプログラムを作ったりする……なんて日は永久に来ません。

常に自分を成長させるためには、細切れの時間を有効活用するしかないのです。


「でも、それじゃあずっと仕事してるみたいじゃないですか?」

そんな声が聞こえてきそうです。

いいじゃないですか。ずっと仕事すれば。

別に残業をしたり、早朝出勤をして仕事をしろ、と言っているわけではありません。

プライベートの時間は大切です。好きなゲームに没頭したり、遊びに行ってリフレッシュすることは必要でしょう。

ですが、そんなときでも頭の中を常にアイドリング状態にしておけばいいのです。

僕の周囲でも、成功している人、成長し続けている人は常にそんな感じです。わざわざエンジンをかけ直さない。ギアをシフトするように切り替えるだけです。

だからこそ前に進んでいけるのだと思います。

Chapter 7

SEの未来

～地球を超えたビジネスをする時代の生き方～

最終章では、今の日本を取り巻く環境から、ＩＴを活用した世界がどのように広がっていくのか、そして日本はどうなっていくのか、ということについてお伝えします。Society 5.0、ＡＩ、５Ｇなど、未来の社会においてＩＴがどのように関わり、ＳＥがどのように生かされていくのかを示唆したいと思います。

アフターコロナの世界で僕たちはどう生きるか？

ＩＴツールの中で、今や僕たちに最も身近なものと言えばスマートフォンです。そして、その中でも最も有名なものがiPhoneだと思います。最早、ないと生活が滞るくらいですが、ここまで読み進めてくれたあなたに僕から1つ提案があります。

iPhoneを捨てましょう。ついでに、パソコンもインターネットもWikipediaも電車の自動改札も高速道路のＥＴＣも銀行のＡＴＭもすべてを捨て去って、情報化社会よりも前の時代に、いや、いっそ原始時代に戻ってみませんか？

「いきなり何を言い出すんだ、この著者は」

そんな風に思ったかもしれません。

無理ですよね。僕もそう思います。

時間は不可逆です。同時に、時代も不可逆です。

一度進んでしまった世界は、それこそ世界中で核戦争でも起こらない限り、圧倒的武力を持った宇宙人が全力で潰しに来ない限り、戻すことができません。

2020年1月の新型コロナウィルスで確かに世界は変わりました。

ですが、それも世界を戻すのではなく、新しい次元へ引き上げる方向に変わりました。

その賛否はともかく、新しい生活様式やテレワークなどの仕事の仕方、経済の低迷からの回復……まだまだこれからなところはありますが、すべての人が確実に変化を感じているはずです。

この変化の波は、人間が存在する限り止まることはありません。

そして、現代に生きる僕たちは、この変化に対応していかないと取り残されてしまうのです。

その最前線にあるのがＩＴによる世界の変化です。世界中がＩＴによってつながり、デジタルとリアルを融合させたビジネスがどんどん生まれています。新しいビジネスは、僕たちの生活と親密に絡んできます。

ただ現状、日本はここから取り残されているのです。

ＩＴ世界において日本が置かれている状況

日本がＩＴ世界の変化に取り残されている原因。それを探るためにも、この30年の間に世界ではどんな変化があったか、そして、日本はどうだったか、というところから見ていきます。

シンプルに説明しますが少し難しいかもしれませんし、ＳＥとは関係のない話に聞こえるかもしれませんが、最後にはつながってきますので、読み進めてもらえればと思います。

◆世界の時価総額で日本の出る幕がない

２３６ページの図は平成30年間（１９８９年～２０１９年）の世界時価総額ランキングを比較したものです。

図の左側ではトップ11のうち8つが日本企業だということがわかります。ちょうど日本がバブル経済真っただ中で、とにかく景気が良かった時代です。一方、右の図ではトップ10はおろか、トヨタ自動車がようやくランキングに登場しても、35位にとどまっています。

さらに、右の図のトップ10までの多くがＩＴ企業だということがわかります。Apple、Amazon、Alphabet（Googleの親会社）、Microsoft、Facebookなど、おなじみの社名が並んでいます。

この30年間の世界の変化で最も代表的なものがＩＴ革命です。情報化社会が世界を席巻しました。バブル崩壊後のデフレ脱却に奔走した（未だなし得ていませんが）日本はＩＴで世界に追いつけなかったため、このような状態になっています。

失われた30年 = 平成30年間

世界時価総額ランキング

順位	企業名	時価総額
1	NTT	1,638.6
2	日本興業銀行	715.9
3	住友銀行	695.9
4	富士銀行	670.8
5	第一勧業銀行	660.9
6	IBM	646.5
7	三菱銀行	592.7
8	エクソン	549.2
9	東京電力	544.6
10	ﾛｲﾔﾙ ﾀﾞｯﾁ ｼｪﾙ	543.6
11	トヨタ自動車	541.7

順位	企業名	時価総額
1	アップル	9,409.5
2	ｱﾏｿﾞﾝ ﾄﾞｯﾄｺﾑ	8,800.6
3	アルファベット	8,336.6
4	マイクロソフト	8,158.4
5	フェイスブック	6,092.5
6	ﾊﾞｰｸｼｬ ﾊｻｳｪｲ	4,925.0
7	ｱﾘﾊﾞﾊﾞｸﾞﾙｰﾌﾟ	4,795.8
8	ﾃﾝｾﾝﾄﾎｰﾙﾃｨﾝｸﾞｽ	4,557.3
9	JPﾓﾙｶﾞﾝ ﾁｪｰｽ	3,740.0
10	ｴｸｿﾝ ﾓｰﾋﾞﾙ	3,446.5
35	トヨタ自動車	1,939.8

30年間の大きな違いは何か？！

日本・アメリカのICT投資比較

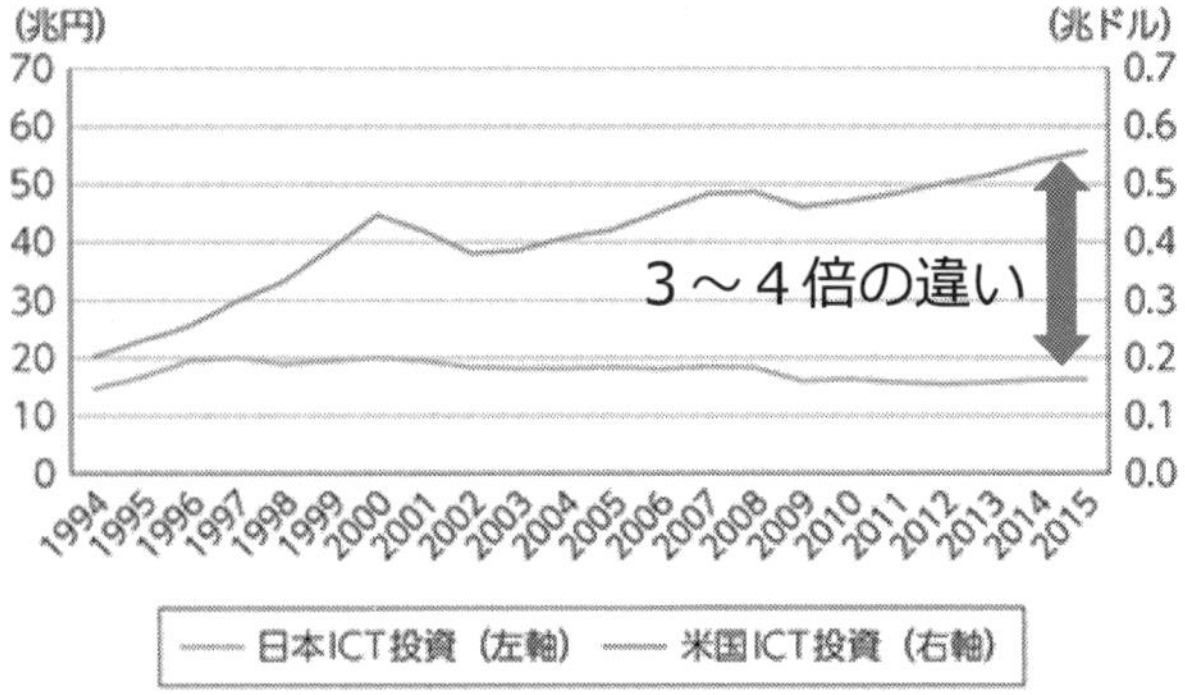

では、なぜ追いつけなかったのか?

IT(ICT)への投資を怠り、IT力をつけてこなかったからです。236ページの図をご覧ください。

これは日本とアメリカにおける20年間のICT投資額を比較したものです。一目で歴然かとは思いますが、約4倍の開きがあります。

さらに、アメリカは投資額を増やしているにもかかわらず、日本は横ばいか、もしくは減らしているくらいで、成長させることをしていません。

これが、日本が世界にITで追いつけない理由であり、そのことは時価総額へ如実に反映されてしまっているのです。

◆日本とアメリカ・中国との差は開くばかり

次に、日本と世界のGDPを比較してみましょう。

おさらいですが、GDPとは国内総生産のことで、平たく言うと「僕たちが国内で働き、生産した財やサービスの総計」のことです。

２３８ページの図を見るとわかりますが、１９９５年あたりから日本のＧＤＰは横ばいが続いています。つまり、日本は成長していないわけです。そして、２３８ページは世界との比較の図ですが、アメリカが2倍以上、中国が10倍以上の成長している中、日本はすっかり取り残されています。

かつてはＧＰＤ世界第2位の大国と言われた日本が、今では中国に抜かれて第3位。しかも、その差を大きく離されており、その差は開き続けているのです。

日本のGDPを見てみる
1960年から2017年までの推移

世界のGDPを見てみる
成長を続ける米国・中国のGDP

◆少子高齢化で労働人口も下がっている

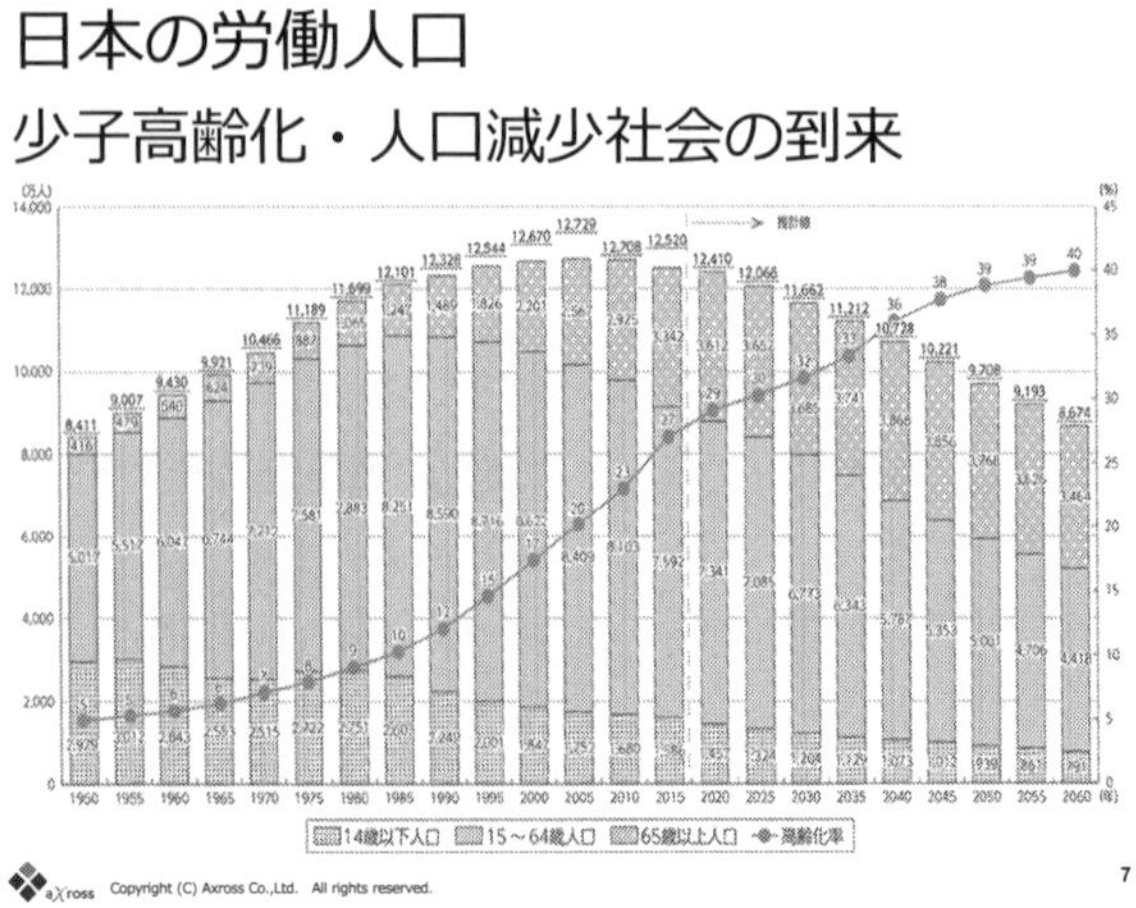
日本の労働人口
少子高齢化・人口減少社会の到来
14歳以下人口
15～64歳人口
65歳以上人口
高齢化率
推計値
Copyright (C) Axross Co.,Ltd. All rights reserved.
7

続いて、上の図は日本の少子高齢化・人口減少を示したグラフです。

日本の人口は２００５年の約１億２７００万人をピークに右肩下がりを続け、２０２０年で約１億２４００万人（推測）。

出生率も下がっていますのでこのまま減少すると見られており、２０６０年には１億人を切って８０００万人台になるとも言われています。

それに対して高齢化率は上がっており、このままいけば人口の３分の１が65歳以上になることも予想されています。

当然ですが、64歳以下の人口が少なくなるわけですから、労働人口も減少します。このままいけば、GDPがさらに下がって、世界第3位の経済大国の位置も危うくなるかもしれません。

日本が遅れを取り戻すカギはＩＴにある

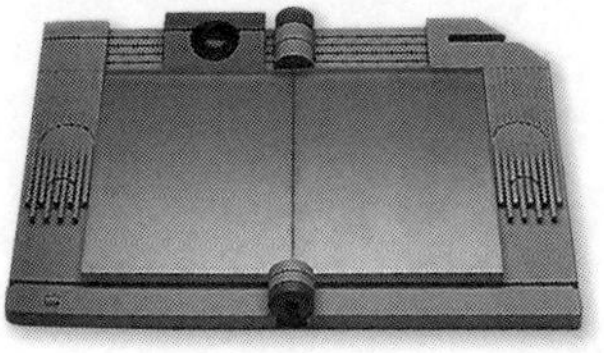

上の図は1988年にApple社が発表した「ナレッジナビゲーター」というコンピューターで、AIが搭載されていてユーザーの話しかけに音声で応答し、検索や情報の処理、予約などをしてくれる折りたたみ式のモバイルデバイスです。

似たようなもので、何か思い浮かぶものはありませんか?

そう、iPadです。Apple社はその原型を今から30年以上も前に開発していたのだから驚きです。

他にも、世界大学ランキングで東大が36位（次いで京大は65位）だったり、学力も含めて、さまざまなものが日本は世界でズタボロに負けています。

では、このまま負けっぱなしでいいのか？

いいわけがありません。むしろ、勝ちに行かなければいけない。


実は、日本のＩＴ業界の数字は伸びています。ＳＩ企業（システムインテグレーター＝ＮＴＴデータ、日本ＩＢＭ、日立製作所、富士通、ＮＥＣなど）やＢ to Ｃ向けの情報処理産業の数値は伸びているのです。

もちろん、国からのＩＴへの投資額は少ないままなので、少ない中でやらなければいけない部分もあります。ですが、日本のＩＴ技術力が世界に比べて劣っているかというと、そんなことはありません。

だったら、この技術力を活かして、情報処理産業以外へのＩＴ注入がまだまだ遅れているところにＩＴを導入していけば、日本が世界にＩＴで追いつくことも不可能ではないはずです。

「自分の業界はまだまだアナログだな」と思うところにこそＩＴ化の余地があり、たくさんの人や企業の１つひとつがＳＥをうまく活用することが必要なのです。

◆デジタルを超えたデジタル世界にはチャンスがある

昭和から平成にかけての30年間は、ＩＴの発展、普及の時代でした。

日本でもインターネットが導入され、パソコンが１人１台になり、光通信による通信速度の飛躍的な向上、スマートフォンの登場による生活とビジネスのスタイルの変化など、さまざまなＩＴ革命が起きました。

ですが同時に、バブル崩壊後のデフレ対策で30年を費やしたことで、国内のＩＴ投資が遅れて世界から置いて行かれたのはすでにお伝えした通りです。

この次に来るのが、第5章で簡単に触れた「Society 5.0」です。

おさらいしておくと、「サイバー空間（仮想空間）とフィジカル空間（現実空間）を高度に融合させたシステムにより、経済発展と社会的課題の解決を両立する人間中心の社会」のことを指します。

ここでお伝えしたいのは、30年前のITの到来と同じくらい世界が変わる、ということです。

家に1台しかなかった電話が1人1台になったり、メッセージツールによる新しいコミュニケーションの手段が生まれたり、家にいながら指一本で買い物ができたり、商談の資料をわざわざ印刷して持ち歩く必要がなくなったり、図書館に行かなくても調べものを秒速で行えたり、入金や決済が瞬時に行えたり……といった、この30年で起こったことと同じくらいの劇的な変化が起こるのです。

今回は、日本は後れを取るわけにはいきません。

すべてをデジタル化する必要はありませんが、デジタルとアナログが融合できるような形ですべての日本企業がIT化することは必須だと僕は考えます。そして、日本が世界に追いつくチャンスが30年ぶりに到来しているのです。

ＩＴは製造業ではなく「成長業」と考えよう

本章の冒頭で「iPhoneを捨てよう（でも、それは無理）」と言いましたが、日本のすべての企業がＩＴ化していくときに必要な考え方があります。

それは「ＩＴ化を製造業的に考えないこと」です。

第1章で、システム開発には2種類あり、日本ではウォーターフォール型が主流だとお伝えしました。合わせて、ウォーターフォール型は製造業的で不可逆（手戻りに時間と手間がかかる）で、作るものも明確だ、ともお伝えしました。

日本でこの型が主流になったのは、そもそもＩＴ化を〝製造業として〟成り立たせたからです。

製造業の考え方には2つの前提があります。

「製造業＝作った分だけ効果を出す＝費用対効果」「完成品を納品する」です。

でも実は、この2つはシステム開発とは非常に相性が悪いのです。

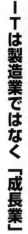

◆システムで費用対効果は計れない

ＳＥの側からすると、ほとんどのシステムは費用対効果を計れません。費用対効果に対してコミットできないのです。

クライアントとしては、ある業務をシステム化することで効率アップや、管理の精度を上げたり、仕事の生産性を高めようと考えます。

ですが、そのシステムが効果を出せたかどうかは、検証に時間がかかります。システムを導入して即効果が上がるとは限りません。もしかすると、そのシステムの運用に慣れるまでは一時的にスピードが落ちることだって考えられます。

にもかかわらず日本の会社間では、あらかじめ完成品を決めて、それが役に立つから作る（買う）感覚が強く残っています。作っておしまい、買っておしまい、あとは使って効果を出すだけなのです。

ＳＥがコミットできるのは、あくまでも「こういう目的で、こういうものが必要だから一緒に走る」というところまでです。そのアウトプットにはコミットできますが、それがどんな効果を生むかまではコミットできません。

◆システムは「永久未完成」なもの

このことがわかっている海外では、アジャイル型でシステム開発を行っています。

アジャイル型では、ウォーターフォール型の手順を細かく何度も行ったり来たりをくり返し、未完成レベルでもアウトプット・ファーストでシステムを開発していきます。

でき上ったものはPDCAを回しながら必要があればシステムを修正します。システムに完成はないことをわかっているのです。

その前提にあるのは「システムは永久未完成なもの」という考え方です。

言い換えれば、**システムは「成長させるもの＝成長業」**だとわかっているのです。

この考え方が、今の日本にはなかなか根づきません。発注しているんだから、と完成品を求められます。完成品には費用対効果が求められます。でも、システムは永久未完成なのです。この無限ループです。

◆システムは常にバージョン・アップする

ただ、日本のＩＴ化の遅れが明確になった現在では、少しずつですが日本でも変化の兆しが起きてきています。

リーマンショックから10年。企業の世代交代が起き、世の中の情報リテラシーも上がって、「そもそもＩＴ化しなければ次のステージへ行けない」「未完成でもトライしながら使っていかないと結果が出ないのでは？」という意識になってきていると僕は感じています。

パソコンやスマートフォン、ゲーム機・ゲームソフトや電化製品のソフトウェアが、ネット接続で最新バージョンに逐次更新されていくように、「**システムはバージョン・アップしていくもの**」という概念が一般的になったのかもしれません。

ですから、僕は日本のＩＴへの意識は変われると思います。

デジタル領域では世界は陸つなぎである

かつて、人間が海を越えようと思ったら、船に乗るしかありませんでした。ライト兄弟が１９０３年にライトフライヤー号で有人飛行を成功させてからは、海を渡る手段に飛行機が加わりました。

そこから約１００年後にインターネットが登場すると、さらに世界は狭くなり、人間は家の中から海を越えられるようになりました。同時にデジタルの領域では、地球は陸つなぎになったのです。

船、飛行機、インターネット。最も速いのはインターネットです。

リアルタイムで世界とつながり、情報を発信したり受信したり、自分の表現を言語や国境を越えて伝えられるようになりました。

世界のグローバル化が加速したのと時を同じくして、ビジネスのグローバル化も加速しました。今や、自分の国だけでものを売る／買う時代ではなくなり、勝負すべきビジネスのフィールドもワールドワイドになったのです。

日本人口の減少、そして労働人口の減少も相まって、これからの日本の企業はグローバル化が必須です。

海外でモノを売るだけではなく、外国人人材とともに歩むしかなくなり、ビジネスをやっていくためには海外の力を最大限利用しなくてはなりません。

グローバル化のためにはIT化が必須です。

これまでの日本企業は幸いなことに国内に市場があったので、日本だけでビジネスができました。IT化をせずとも、アナログで何とかやってこられました。

ですが、世界中がグローバル思考でビジネスの範囲を考えるようになった時代に、もうそれでは追いつけません。

日本という島国の中で〝精神的鎖国〟の状態のままでは、単にIT化だけではなく、地球上のビジネスでも日本は大きな後れを取ってしまいかねないのです。

アフリカの次に来る新しいビジネス領域

グローバルビジネスは、すでに東南アジアが終わり、中東、最後にはアフリカに伸びていきます。実際に中国は、すでにアフリカでのビジネスに着手していて、日本もすぐに追従すべきだと僕は考えています。今からでもまだ間に合うからです。

では、地球上のビジネス領域をすべて取り合ってしまったら、それで終わりなのか？

違います。サイバー世界ではすでに次のビジネス戦争が始まっています。

◆なぜホリエモンはロケットを作るのか？

2019年5月4日。北海道大樹町にて、インターステラテクノロジズ社によるロケット打ち上げが成功しました。この会社に60億円以上を投資したのが、ホリエモンこと堀江貴文氏です。

なぜ、ホリエモンはロケットを作るのか？

それは、アフリカを終えた次のビジネス領域が「宇宙」にあることを知っているからだと僕は思っています。

宇宙は、誰のものでもありません。どこの国のものでもありません。

宇宙のルールはたった1つ。「先にやったもん勝ち」です。通信衛星を打ち上げたら、他の衛星の軌道を邪魔してはいけない。ですから、先に上げた企業や国が先行者利益を得られるのです。

5Gは「宇宙戦争」である

ではなぜ、みんな衛星を打ち上げようとしているのか？

それは、5Gの先行者利益を得るためです。

第5世代移動通信システム「5G」は、現在使用されている4Gに次ぐ国際電気通信連合が定める規定を満たす無線通信システムです。高速大容量、低遅延、多数同時接続を実装していて、実現すればネットワークをストレスフリーで使えるようになると言われています。

ただ、そんな5Gにも欠点があります。速すぎて曲がれないのです。

4Gの通信速度100Mbps〜1Gbpsの100倍のスピード（最大100Gbps）を持つとされ、4Gだと10秒かかるダウンロードが0.1秒で済む計算になるくらい速いのですが、速いがゆえに曲がれないため、直線上に遮蔽物があると電波が届きにくくなってしまうのです。

◆2025年には衛星は数万機になる

5Gの欠点を解消するために、現在は中継用の小型基地局（マイクロセル）を数十メートル単位で設置する案が出ていますが、他にも解決する方法があります。

それが宇宙です。通信衛星を多数打ち上げ、そこから地上に向かって打てば、宇宙から端末に直線で届けることができます。

先述の通り、宇宙は誰のものでもありません。先に打ち上げたもん勝ちです。現在、

4400基以上ある人工衛星が、これから3～5年の間に10倍以上になるでしょう（5Gを活用するためには数万機が必要だからです）。

5Gを取り合って、世界中の国や企業が通信衛星の打ち上げ合戦を行う――まさに、5Gは「宇宙戦争＝衛星の取り合い」です。

ソフトバンク社が低軌道衛星通信サービス提供のために、イギリスのOneWeb社と業務提携を行い、約650基で構成される衛星コンステレーション（人工衛星群）を構築しようとしているのも、そのためです。

青天井の仕事で宇宙を目指そう！

ここまでお伝えしてきたことは、もしかすると、何か途方もない規模の話をしているように聞こえるかもしれません。

ですが、僕たちSEにとっても、会社のIT化も含めたITに関わろうとするビジネスパーソンにとっても、ここまでにお伝えしてきた日本の現状や世界の動向、その中での個人や企業の動きは、これからの社会を生きる上で何かのヒントにならないでしょうか？

ＩＴへの国の投資が一気に増えたり、ＳＥ不足が解消されたり、スーパーＳＥが登場することはないでしょう。同じように、１人で一気に宇宙へは行けません。

世界がこのように変化している、ビジネスが宇宙へ向かって進んでいることを前提にして、ＳＥも含めたＩＴエンジニアと一緒に、**自分のできることや、ビジネスを１つひとつ増やしていく**しかない、と僕は思っています。

◆ＳＥに訪れる「40歳現役引退説」

僕が会社を経営し、多くのＳＥと出逢ってきた中で感じるのは、ＳＥには現役引退説が存在する、ということです。

そのリミットが40歳です。ＳＥの仕事で10～15年が経って、ちょうどＩＴエンジニアとして一周して完成されてしまう時期です。

新しい技術がどんどん出てきて、できることが変わっていくＩＴの世界で、ＳＥは自分で成長路線に持って行くことができる青天井の仕事です。40歳になっても本当はまだまだ成長できるのに、そこで現役引退を考えてしまうのです。

その理由は、やはり成長には痛みが伴うからだと思います。「成長痛」とも言いますが、中学生くらいで身長が伸び始めて毎晩足が痛くて眠れなかったことが誰にでもあるように、人間が成長するには痛みが伴います。

この痛みを「楽しみ」に変えられるのが、あるところで難しくなって、ついリミッターをしまうのです。創業社長として50歳を超えてから起業する人もいる世の中で、早々にリミッターを引いてしまうのは本当にもったいないことだと思います。

◆宇宙へ行ける人のフレームワーク

ただ同時に、自分でリミッターを外す人と外せない人には、明らかな違いがあるとも思います。

それは「自分で自分を高めることができるかどうか」です。

自分で高めるフレームワークを持っている人は、40歳を過ぎてからでも伸びていけます。自分に天井を作らず、青天井で絶えず新しいことに挑戦するマインドを持っている。50歳で起業する人にも、そういうマインドが備わっています。

世界の変化を理解し宇宙に行ける人は、もしかするとそういう人なのかもしれません。青天井で成長し続けるマインドを持っているから、最後は宇宙にまで飛び出してしまうのです。

SEの世界はブラックボックスです。そこには、箱を開ける楽しみがあります。でも、それはSEに限ったことではないのではないでしょうか？　他の仕事でも、ブラックボックス的なものがあると思います。

大切なのは、そこで自分を挑戦させるマインドです。そして、自分を高めようと行動することです。

そのことを忘れず、どうかあなたも宇宙へ飛び出してください。

おわりに

ここまで読んでくださり、ありがとうございました。

最後に、僕の会社でやっていることを少しご紹介したいと思います。

本文の最後に、ＳＥの40歳現役引退説についてお伝えしました。

現在、僕は47歳です。現役のＳＥというよりは経営者なので、そういう意味では僕も引退をした１人と言えるかもしれません。

ただ、僕が経営者の道を選んだのは、成長を楽しめなくなったからではなく、むしろより成長するため、40歳を過ぎてもＳＥにはプレイヤー以外の選択肢があることを示すためでした。30代も半ばを過ぎ、いよいよ40歳が見えてきた10年前。２０１０年の11月に僕は共同経営者とともにアクロスロード株式会社を設立しました。

エンジニアを育て、エンジニアを伸ばす。

この想いを胸に、エンジニアライフを謳歌できる「エンジニア・パラダイス」を本気で実現しようと、仲間たちと一緒に作ることにしたのです。

今や「人生100年時代」と言われ、かつての60歳で定年どころか、80歳まで働かなければいけない世の中で、40歳で引退をしてしまったら困ります。SEでなくても、会社員の多くは50代に入った頃から定年に向かって人生を走り出すようになります。

でも、多くのSEにはどうしても40歳でリミットが来てしまう。酸いも甘いも経験し切った気になってしまう。

この食い違いが自分の中で最大の疑問でした。

それを解決する方法として、僕が会社で打ち出したビジョンが、アクロスロード企業ビジョンの3要素の1つである「エンジニア・ビジョン」です。

SEとして通常の開発業務＝基盤業務に加えて、派生事業を展開することで、システム開発だけでは作り出すことができなかったエンジニアの活躍フィールドを創出する。これにより、生涯エンジニアとしての働ける環境づくりを目指す。

これなら40歳で引退する必要はなく、開発からは身を引いても、今度はそれまで自分が得てきた知識や経験を活用して、新人を教育したり、コンサルティングをしたりして、新しいビジネスモデルを一人ひとりのSEが作っていけるようになると考えています。

本書は、ＳＥについて知ってもらうことを目的に、「使いたい人」「なりたい人」のために書きました。

ターゲットが２つあるように思うかもしれませんが、その根本は同じ――「ＳＥのことをよく知らない人」です。そういう意味では、真の読者は「ＳＥのことをよく知らない人」であり、知った上で活用するか自分がなるかの選択は、人それぞれです。

本書を通して、ＳＥについてその一端には触れてもらえたのではないかと思っています。そしてＳＥのこと、ＩＴのことについて、あなたに少しでも興味を持ってもらえる第一歩になっていれば幸いです。

津田　徹

SEのトリセツ

2021年3月20日　初版第1刷発行

著　　者　　津田　徹
出版プロデュース　（株）天才工場　吉田　浩
編集協力　　潮凪　洋介・廣田　祥吾・松野　実
発 行 者　　中野　進介
発 行 所　　株式会社ビジネス教育出版社
〒102-0074　東京都千代田区九段南4－7－13
TEL 03（3221）5361（代表）／ FAX 03（3222）7878
E-mail ▶ info@bks.co.jp　URL ▶ https：//www.bks.co.jp

印刷・製本　　中央精版印刷株式会社
ブックカバーデザイン　　飯田理湖
本文デザイン・DTP　　坪内友季

ISBN978-4-8283-0866-1